GUO JIA TIAN KONG

国家天空

总撰稿：刘天增
撰　稿：郭兵艺　简　宁　朱建信　郭晓晔　刘立波

人民日报出版社

图书在版编目（CIP）数据

国家天空 / 刘天增著 ; 郭兵艺等主编. —北京 : 人民日报出版社, 2010.9

ISBN 978-7-5115-0145-5

Ⅰ . ①国… Ⅱ . ①刘… ②郭… Ⅲ . ①空军 – 军事史 – 中国 Ⅳ . ①E274.09

中国版本图书馆CIP数据核字(2010)第172478号

书　　名 :	国家天空
作　　者 :	刘天增 等著

出 版 人 :	董　伟
责任编辑 :	言　午　林　海
封面设计 :	沈　琳

出版发行 :	人民日报出版社
社　　址 :	北京金台西路2号
邮政编码 :	100733
发行热线 :	（010）65369527 65369512 65369509 65369510
邮购热线 :	（010）65369530
编辑热线 :	（010）65369538
网　　址 :	www.peopledailypress.com
经　　销 :	新华书店
印　　刷 :	北京正合鼎业印刷技术有限公司

开　　本 :	16	
字　　数 :	100千字	
印　　张 :	13.75	
印　　次 :	2010年10月第1版	2010年10月第1次印刷

书　　号 :	978-7-5115-0145-5
定　　价 :	98：00元

谨以本书献给——
　　中国人民解放军空军成立六十周年

谨以本书献给——
中国人民解放军空军成立六十周年

2009年11月8日，在庆祝中国人民解放军空军成立60周年之际，中共中央总书记、国家主席、中央军委主席胡锦涛来到空军机关，亲切会见空军老同志、英雄模范和飞行员代表

庆祝中国人民解放军空军成立60周年大会会场

为庆祝中国人民解放军空军成立60周年,"空军和平与发展国际论坛"在北京举行

六十年大庆阅兵空中领队机梯队合练时的情景

整齐划一的空军飞行学员方队

威武雄壮的空降兵方队

红-9导弹方队

歼—10编队飞行

走向起飞线

我国首批战斗机女飞行员

巾帼铁翼

穿云破雾

轰炸机夜航准备

巡航九天

鹰击长空

从天而降

甘巴拉英雄雷达站

空中加油

警惕的目光

空降兵战士

箭指蓝天

利箭出鞘

运输机夜航起飞

快速集结准备升空

蓝天彩练

我心飞翔

目 录

第一章　　穹　庐

第二章　　星　群

第三章　　锋　刃

第四章　　惊　雷

第五章　　追　梦

第一章 穹庐

1921年11月12日至1922年2月6日，美、英、法、意、日、荷、比、葡以及中国等9国在美国首都华盛顿举行会议，即"华盛顿限制军备会议"（简称"华盛顿会议"，也叫"太平洋会议"）。这次会议在美国居主导地位的情况下，确立了战后帝国主义列强在远东、太平洋地区的新秩序。图为1921年华盛顿会议会场

1921年11月，世界列强召开华盛顿会议，瓜分第一次世界大战结束后的世界政治版图。1922年2月6日，美、英、法、日、意五国达成《限制海军军备协定》，对五国可拥有的主力舰吨位作出明确规定。

人类历史上，从来没有为陆军军备达成控制协定。20年代初，空军已经诞生，但列强们也没有考虑为空军军备达成什么协定——这个时候，飞机进入战场不过10年，上不了各国巨头指点江山、瓜分世界的谈判桌。这些海权崇拜者坚定不

移地认为,对海洋的控制乃是世界霸权的基石。

但是,不是没有挑战者。

就在华盛顿会议酝酿期间,1921年7月21日,在美国弗吉尼亚州切萨匹克海湾进行了一次新奇的武器试验:美国陆军航空勤务队出动8架飞机,将一战中从德国缴获的德国战列舰"奥斯克里弗兰"号击沉。随后,又击沉了另外两艘军舰。

组织这一系列试验的是美国陆军航空勤务队副司令威廉·米切尔准将。

从海权论者的角度看,米切尔的用心十分"险恶",他是要证明:航空兵可以击沉任何水面舰船,传统的海上霸主战列舰将失去用武之地。

战列舰,又称为战斗舰、主力舰,是一种以大口径舰炮为主要战斗武器的大型水面战斗舰艇。由于战列舰上装备有威力巨大的大口径舰炮和厚重装甲,具有强大攻击力和防护力,所以,战列舰曾经是海军编队的战斗核心,是水面战斗舰艇编队主力。面对钢铁巨舰,木质构架、帆布蒙皮的飞机显得太脆弱了。但是美国空军先驱威廉·米切尔为了向军方证明空军在未来海战中的作用,用土制的2000磅炸弹攻击缴获的德国战列舰"奥斯克里弗兰"号,获得成功。图为预演,炸弹直接命中军舰的主桅

威廉·米切尔，美国陆军准将，空军理论家。出生在法国的尼斯。1898年入伍，曾作为一名步兵参加过美西战争。1909年毕业于美国陆军参谋学院。1916年受命学习飞机驾驶，不久被派到欧洲去观察第一次世界大战。1917年美国参战后，任远征军航空兵司令赴法国作战，指挥法、美两国1500架飞机组成大机群，参加了10余次空战，成为美国杰出的空战指挥官。1919年任陆军航空勤务部队副司令。1920年晋升准将。米切尔主张建立独立的美国空军，强调夺取制空权是制胜的决定性因素。1921~1923年，曾多次进行轰炸军舰的试验，证明飞机可以击沉任何舰艇。由于他的这些主张与陆、海军的传统观念发生矛盾，因而遭到军事当局的反对。1925年4月被调往南方得克萨斯州的圣安东尼奥任职。同年9月，"谢南多厄"号飞艇在暴风雨中失事后，公开指责陆军部、海军部失职和无能。12月，陆军军事法庭以不服从上级的罪名，判处他停止军职5年。米切尔于1926年2月辞去军职，以后继续为建立独立空军进行游说和从事空权理论的研究和著述，主要著作有：《我国

在战列舰仍被尊为"海战之王"的20年代，米切尔此举显然属于大不敬。

执著与傲慢的米切尔却丝毫不以为然，他公然冒天下之大不韪，对美国的航空政策和"海权"观念屡屡责难，令占据绝对优势的海权论者忍无可忍。

1925年12月，威廉·米切尔受到军事法庭的审判，被判停止军职5年、由准将降为永久上校军衔。

1926年2月，米切尔提前退役，专心著书立说。

1936年，57岁的米切尔在寂寞中死去。

三年之后，二战爆发。米切尔的预言被战争实践证实。人类军事领域继陆权、海权之后，崛起了第三种权力——空权。人们这才醒悟：米切尔的所谓"过错"，其实

是以超前的天才思维，把深沉的目光投向了辽远的天空。

一百年以前，天空从未受到过战火的污染。

天空曾经是神的殿堂，人的禁地。它一览无余又深不可测，近在咫尺又遥不可及。在它宽广无边的胸怀里，有太阳的豪放，有月色的妩媚，有白云在翔舞，有疾风在歌唱；它时而风雨交加，雷霆震怒，时而又云开日出，彩虹高悬。

天空气象万千，俯视千古，充满神秘，令人敬畏。

天，也成为各种神祇的代名词，祭天活动是许多国家和民族最神圣庄严的仪式。

在中国北京，天坛的祭祀必须由皇帝亲自执行。皇帝是天子，在人间至高无上，但他在这里降低了级别——面对天父，他代表整个国

的空军》、《空中国防论》和《空中之路》等，其中《空中国防论》被认为是西方空权理论的主要著作之一。1936年2月19日，57岁的米切尔告别了人世。1946年，美国国会为表彰其对发展美国空军所作出的贡献，追授他特别荣誉勋章

图为《空中国防论》中文版封面

家和民族虔诚祈祷——祈祷风调雨顺,祈祷国泰民安。这是他一生中唯一谦卑和不敢稍有怠慢的时刻。

敬畏天空,又对天空充满好奇。身体无法跃出地平线,我们先祖的想象力已经提前飞上了天空。

在中国,嫦娥奔月的故事浪漫而伤感。她偷吃了后羿从西王母处讨来的不死灵药,身体顿时变轻,不由自主飞上了幽静的月宫。于是,她只能永远孤寂地遥望人间,碧海青天夜夜心。

希腊神话中,飞天的传说则带有现实的幽默色彩。太阳神的儿子法厄同试图驾驶父亲的火焰战车飞越天空。他的驾驶术并不高明,那些带翼的马飞得太低,于是大地被烧焦了一块,造成了荒旷的撒哈拉大沙漠。

波斯的传说同样表现出飞翔天空的渴望。国王卡考斯把几只雄鹰套上他的御座,让雄鹰扇动强劲有力的翅膀,终于帮助他实现了翱翔天空的梦想。

天空神秘而高远,人类鞭长莫及。因此,连绵不断的战争中,人们争夺王位,争夺领土,却从未有人想到过要去争夺天空。

天空的方向也不需要设防,那里不会有来自同类的威胁。

风雨雷电的袭击固然可怕,但那是神的行为和神的惩罚,无法防范。最有效的办法只能是祭祀和祈祷。

尽管如此，人类却从未中断过像鸟儿一样飞翔天空的梦想。

中国人很早就表现出探索天空的热情。

中国的竹蜻蜓正是飞机螺旋桨和直升机旋翼的前身，传入欧洲后，一直被称为"中国陀螺"。

风筝和滑翔机原理相似，唐朝时期就已经开始应用于军事。

人所共知的孔明灯，则可以看成是原始的"热气球"。

14世纪末期，明朝的士大夫万户把47个自制的火箭绑在椅子上，自己坐在椅子上，双手举着大风筝。设想利用火箭的推力，飞上天空，然后利用风筝着陆。不幸火箭爆炸，万户也为此献出了生命。

20世纪70年代，国际天文联合会将月球背面一座环形山命名为

风筝源于春秋时代，至今已2000余年。相传"墨子为木鸢，三年而成，飞一日而败。"到南北朝，风筝开始成为传递信息的工具。从隋唐开始，由于造纸业的发达，民间开始用纸来裱糊风筝。到了宋代，放风筝成为人们喜爱的户外活动。北宋张择端的《清明上河图》，宋苏汉臣的《百子图》里都有放风筝的生动景象

孔明灯又叫天灯，相传是由三国时的诸葛孔明（即诸葛亮）所发明。当年，诸葛孔明被司马懿围于阳平，无法派兵出城求救。孔明算准风向，制成会飘浮的纸灯笼，系上求救的讯息，其后果然脱险，于是后世就称这种灯笼为孔明灯。另一种说法则是这种灯笼的外形像诸葛孔明戴的帽子，因而得名。图为孔明灯

维尔伯·莱特生于1867年4月16日，他的弟弟奥维尔·莱特生于1871年8月19日，他们从小就对机械装配和飞行怀有浓厚的兴趣，从事自行车修理和制造行业。莱特兄弟原以修理自行车为生，兄弟俩聪明好学，从1896年开始，就一直热心于飞行研究。从1900年至1902年期间，他们除了进行1000多次滑翔试飞之外，还自制了200多个不同的机翼进行了上千次风洞实验，在1903年制造出了第一架依靠自身动力进行载人飞行的飞机"飞行者"1号。1906年，他们的飞机在美国获得专利发明权。莱特兄弟飞行的成功，最初并没有得到美国政府和公众的重视与承认，直到1907年还为人们所怀疑；反而是法国于1908年首先给他们的成就以正确的评价，从此掀起了席卷世界的航空热潮。他们也因此终于在1909年获得美国国会荣誉奖。同年，他们创办了莱特飞机公司。威尔伯·莱特于1912年5月29日逝世，年仅45岁。此后，奥维尔·莱特奋斗30年，使莱特飞机公司成为世界著名飞机制造商，资金高达百亿美元。奥维尔·莱特于1948年1月3日逝世。

"万户"，以纪念"第一个试图利用火箭作飞行的人"。

20世纪初的一项发明，彻底改变了人类和天空的关系。

公元1903年12月17日上午10点，美国北卡罗来纳州，天空低云密布，寒风凛冽。一架被命名为"飞行者一号"的双翼飞机在基蒂霍克的原野上起飞了。制造者为美国的自行车技师维尔伯·莱特（Wilbur Wright 1867~1912）和奥维尔·莱特（Orville Wright 1871~1948）兄弟。两人争着驾机试飞，相持不下，最后抛币决定，弟弟胜出。奥维尔·莱特进行了第一次试飞，飞行距离36米，留空时间12秒。紧接着又飞了3次，最后一次由哥哥维尔伯·莱特驾驶，飞出了260米，留空时间59秒。

莱特兄弟的这一发明，实现了世界第一次有动力的持续飞行。

人类从此给自己插上了飞翔的翅膀。

人们欢呼这一伟大的发明。

最早的一批飞行员,有幸以和平的心态在天空体验自由飞翔的快乐。

莱特兄弟的飞机

没有人意识到天空将会出现的新的巨大威胁。

人类的重大发明总是很快就会被强制性地应用到军事领域。这些翱翔天空的翅膀,立即被军事专家敏锐的目光紧紧盯住了。

1909年,也就是飞机发明后的第六年,一位名叫杜黑的意大利陆军少校在没有任何战争实例佐证的情况下,独具慧眼地断言:"飞机用于战争必将彻底改变战争的面貌;战场上将出现新的军种——空军;新的作战领域——空中战场;

朱利奥·杜黑,1869年5月30日出生于意大利南部那不勒斯一个名字叫卡塞塔的小镇,家中几代都为萨伏依王室服务。由于受家庭熏陶,他自幼从习武,先是进入都灵军事工程学校学习,由于学习刻苦,成绩优异,1888年毕业时,被直接授予炮兵中尉军衔,时年19岁。后来又进入陆军大学学习,研究有关现代战争的战略战术以及战争中的后勤问题。毕业后,他被派到陆军许多岗位上工作,很快就晋升为上尉,并调到陆军参谋

杜黑和《制空权》封面

部工作。1912年他出任意大利第一个航空营营长的助手,经过大量细致的调查研究,他向陆军部递交了一份关于航空兵的研究报告,通常称之为"杜黑报告",他在这篇报告中详细论述了组建空军的必要性以及空军的组织结构,飞机和人员的数量等等。这篇报告中的几乎所有结论后来成为意大利空军建设的基本框架。随后到1915年,他一直担任航空营营长。1915年5月意大利参加第一次世界大战时,任师参谋长。杜黑多次建议组织500架轰炸机的航空队参战,轰炸奥军后方以夺取胜利,但遭到最高军事当局的拒绝。杜黑对军事当局不能正确使用空中力量的做法日益不满,他向最高当局提交了一份书面报告,严厉指责意大利陆军司令指挥无能。这份报告激怒了最高当局。1916年9月16日,他被解除职务并被送上军事法庭。10月,军事法庭认定杜黑犯有泄露军事情报罪,判处他1年监禁,并罚款。他利用在狱中的时间,给政府和军队中的当权者写信,陈述自己对发展意大利航空兵的建议。同时,他深入思考了协约国的战略问题。1917年6月,杜黑提出了明确而完整的战略轰炸理论。在获释的前几天,他给意大利内阁写了一封长信,建议组成一支统一的协约国航空兵部队去攻击敌人国土。从8月2日起,意大利陆军使用卡普洛尼式轰炸机对奥匈帝国进行了十几次空袭,相当成功。杜黑获悉此事,即刻写信给卡普洛尼,以示祝贺。1917年11月,意军在卡波雷托战役惨败。事后,意大利政府调查战败原因,认为杜黑当年对统帅部的批评是正确的,1918年为其恢复名誉,同年1月出任意大利陆军航空署主任。但他不久却选择了退役。1920年初,意大利军事法庭开庭审议杜黑的上诉并很快做出判决,完全免除杜黑先前的罪名,为其公开平反昭雪。此后,他便将全部精力投入到总结一战的经验教训,创立空军战略理论的研究工作之中。1921年,在意大利陆军司令迪亚斯和陆海军部的支持下,他的第一部著作《制空权》一书正式出版发行,标志着他空军战略理论的创立。他很快就被邀请重新回到军队,被授予少将军衔。1922年,他参加了墨索里尼组织的"向罗马进军"的行动。墨索里尼夺得政权后,邀请他出任意大利航空部部长。由于不愿为政务缠身而妨碍自己自由发表见解,杜黑于6月4日离开军队,专事空军理论的研究,先后出版了《未来战争的可能面貌》、《扼要的重述》等有关空军建设和运用的论著。杜黑的理论,对两次世界大战之间各国的空军建设,尤其对轰炸机的发展有过重要影响。1930年2月15日,杜黑因病在罗马悄然离开人世,享年61岁。

新的作战模式——空中战争；新的军事学术——空中战争理论。"

天空随后发生的事情，证明了杜黑的这一预言。

从战争学的角度看，人类的第一次空战显得生疏而幼稚。

1911年的墨西哥革命战争中，两架飞机在空中相遇了。一名飞行员发现对方是自己的敌人，便拔出手枪向对方射击，对方也立即给予还击。他们的这次空中手枪对射，可以看成是"唤醒天空的第一次枪声"。

同年11月11日，意大利的一架飞机在土耳其军队头顶上甩下一颗比橘子大一点的炸弹，也可以看成是人类战争史上最早的"空袭"。

战争从此跃出了地平线，平面战场变成了立体战场。

人类最早的空战场景

第一章 穹庐

1914年开始的第一次世界大战中，飞机的轰鸣声响彻战场上空。双方先后有近20万架飞机参战，德国被击落3000多架，协约国损失8000多架。

第一次世界大战空战画面

飞机的翅膀模糊了战场的界线，大后方不参战的平民，经常在半夜被空袭警报吵醒。

天空不再神秘，天空变得十分危险。这些从天而降的死神让人们清楚地看到，国家安全的最大威胁不再仅仅来自大地上的国境线，更可能来自天空。

天空的危险促使英国人最早成立了独立的空军。

早在1912年5月，英国人就组建了皇家飞行队，下设两个联队——海军联队和陆军联队，各自听命于海军部和陆军部。一战中，他们发现这两支飞行队在分散使用中协调

英国皇家飞行队

困难，形不成拳头，影响战斗力的发挥。一战接近尾声的1918年，这两支皇家飞行队正式合并，英国皇家空军成为与陆军、海军平行的独立军种。

这是世界上第一支独立的空军。

此后，许多国家也纷纷仿效，成立了自己的空军。

天空战场的开辟，也让人们第一次有了"领空"的概念。

在中国北朝民歌《敕勒歌》中，古代游牧民族以朴素浪漫的情怀把天空比喻成他们的毡帐和屋顶："天似穹庐，笼盖四野。天苍苍，野茫茫，风吹草低见牛羊。"

飞机的翅膀撕开了天空的神秘面纱，天空不再是顶礼膜拜的地方，也不再是人类共享的空间。为了国家安全，人们觉得天空也应该像大地的"领土"一样分割出"领空"的边界。

一战结束后的1919年，人们在巴黎缔结了《巴黎航空公约》。这是国际上第一个关于天空立法的条约。该条约承认："每一国家对其领土上的空气空间""具有完全的和排他的主权"。

此后，空权观念初露萌芽，"领空"成为了每个国家独享的天空"穹庐"。

尽管如此，由于空中力量的诞生和发展只有十几年，与人类漫长的航海史无法比肩，人们对"空权"仍然没有引起足够的重视。各国巨头的耳畔，回响的依旧是大海的涛声。

所以，1921年，美、英、法、日、意五国在华盛顿会议瓜分世界政治版图、郑重签署《限制海军军备协定》时，他们关注的核心仍然是传统上霸主地位的"海权"，而不是更加辽阔的天空。

真理有时候掌握在少数人手里。在同一时间大声疾呼"没有制空权就没有制海权"的米切尔，不仅没有得到应有的喝彩，反而招致军事法庭的审判。直到二战爆发之后，那些审判他的人才痛苦地发现，他们犯了一个极大的错误。

近代史上，中国的天空一波三折，磨难重重。

冯如是中国设计、制造飞机并成功飞行的第一人。1909年9月21日，莱特兄弟的飞机问世刚刚六年之后，他就在美国的奥克兰市成功地制造了第一架自己设计的飞机，命名为"冯如1号"，试飞后显示飞机具有良好性能。当时美国的《三藩市考察者报》赞誉他是"东方的莱特"，并惊呼"在航空领域，中国人把白人抛在后面了！"

1911年1月，他又研制成功了"冯如2号"，试飞成功后，美国的《三藩市星期日呼声报》用整版通栏大标题刊出"他为中国龙插上了翅膀"。

冯如，原名冯九如。广东恩平人。生于一个贫农家庭。他从小喜欢制作风筝和车等玩具。12岁随舅父漂洋过海到美国谋生。他白天当勤杂工，晚上读机械学，苦心钻研数年，精通36种机械原理，发明了抽水机、打桩机，制成了性能优良的无线电收发报机。1903年，当得知莱特兄弟发明了飞机后，冯如决心要依靠中国人的力量来制造飞机。他得到当地华侨的赞助，于1907年在旧金山以东的奥克兰设立飞机制造厂，1909年正式成立广东飞行器公司，冯如任总工程师。公司于当年便投入制造飞机。1909年9月21日，冯如于接近黄昏时在奥克兰附近一个圆形山丘旁进行了第一次试飞。1910年7月，又制作了第二架飞机，10月至12月，冯如驾驶它在奥克兰进行飞行表演大获成功，并受到孙中山先生和旅美华侨的赞许，同时获得美国国际航空学会颁发的甲等飞行员证书。 1911年2月，冯如谢绝美国多方的聘任，带着助手及两架飞机回到中国。辛亥革命后，冯如被广东革命军政府委任为飞行队长。1912年8月25日，冯如在广州燕塘飞行表演中不幸失事牺牲，被追授为陆军少将，遗体安葬在黄花岗，并立碑纪念，被尊为"中国首创飞行大家"、"中国航空之父"

第一章 穹庐

冯如设计制造的飞机

1909年9月23日,美国《旧金山观察者报》以头版位置报道了冯如制造飞机和试飞的经过

当年年底,他回到祖国,在广州建立了飞行器公司,并在3个月后制成了一架与"冯如2号"相似的飞机,为中国航空工业史揭开了第一页。

不幸的是,在1912年的一次飞行表演中,由于操纵原因,飞机失速坠地,机毁人伤。医院抢救无效,冯如以身殉国,年仅29岁。弥留之际,他仍然勉励助手:"勿因吾毙而阻其进取心,须知此为必有之阶段。"

冯如堪称中国航空之父。他的躯体从天空坠向了大地,却以飞翔的精神为中华民族扬起了永不折断的翅膀。

中国建立自己的飞行部队起步也不算晚。

载涛是清王朝的军咨府大臣,早在1910年,他就奉命出国考察军

载涛(1888—1970),男,清末贝勒,和硕醇贤亲王奕譞第七子,光绪帝同父异母弟,1890年封二等镇国将军;同年晋为不入八分辅国公。1902年袭贝勒。1908年12月加郡王衔;同月与铁良等任总司稽察。清廷新设禁卫军,任专司训练禁卫军大臣。1909年6月管理军咨处事务。1910年2月赴日、美、英、法、德、意、奥、俄八国考察陆军,5月派任赴英国专使大臣。1911年5月任军咨大臣;其后任蒙古镶黄旗都统。1912年1月,与载洵等组织宗社党;3月宗社党解散。1917年7月张勋复辟,溥仪任为禁卫军司令;同月复辟失败。1918年徐世昌任为将军。1927年6月任翊卫使。1931年1月,国民政府聘为国难会议会员。1949年后,历任人大代表、政协委员。1970年在北京逝世,终年83岁

1913年春，在北京南苑创办了中国第一所正规航空学校。图为南苑航空学校教育长蒋逵在接收法国飞机进行试飞的情形

1918年，北洋政府交通部成立了筹办航空事宜处，这是中国最早的民用航空管理机构，翌年从英国购买爱弗罗小飞机2架和汉德利·佩奇（24座位大飞机）6架，筹办京津、京沪、京汉和张家口至库伦(现乌兰巴托)之间的民用航线。同年北洋政府国务院设立航空事务处，掌管全国军民航空事务。1922年改名为航空署，购买维克斯·大维梅飞机40架、小维梅教练机35架、爱弗罗504K教练机60架。图为北洋政府航空署原址

事，随后便极力倡导航空事业，在北京南苑毅军部设立了航空机关，试图自己研制飞机，并且购买了一架法国桑麻式飞机作为参观和仿效之用。

可是，清王朝很快土崩瓦解。

北洋军阀政府创办航空的步伐紧随清王朝之后，1913年3月在北京南苑创建了中国第一所航空学校。1913年冬，南苑航空学校在征讨外蒙叛军的作战中进行了中国战争史上第一次空中侦察，飞机从此进入中国战场的天空。

位于北京新街口附近的"航空胡同"，原称"航空署街"，就是当年北洋政府航空署办公的地方。

但是，内外交困的袁世凯在建立空军上无力走远。航校第一、二期学员毕业后，只能留校候差或者回到原来的陆海军机关。

中国空军真正的发源地应该是在广东。

辛亥革命期间，在孙中山的积极倡导下，革命军拥有了四支航空队：即冯如的航空队、华侨革命飞机团和湖北军政府航空队、上海军政府航空队。

1920年11月，孙中山回到广州重建大元帅府，并成立航空局，下辖两个航空队。孙中山这时已经十分明确地认识到，"飞机将是未来战争决胜的武器"，中国应该建立自己的航空工业和强大的空军，以抵制外来入侵。

他的航空救国思想，在创建黄埔军校时的训示中表达得更加清晰："自航空机参加战斗序列后，在国际主权之划分言之，往昔所争之领土、领水，今有领空之划分，造地球成形以来之异象。就其效力言之，已打破兵舰、潜艇、战车等之偏枯性能，极控制三界之能事。故欲因应现代国防之需要，非扩充空军力量不为功。"

孙中山先生对于中国航空事业的开创作出了巨大贡献。然而，他并未见到一支强大空军的建立便过早地逝世了。

中国空中力量还在蹒跚学步的时候，世界航空发展的步伐大大加快。米切尔关于"没有制空权就没有制海权"的天才预言，在人类历史上规模空前、强度空前的第二次世界大战中得到证实。

二战中,飞机的翅膀在战场更加活跃。空中力量实现了大规模、多领域和全过程的运用,成为新的战略力量,对战争的主宰力急速提升。

某种意义上甚至可以说,二战中制空权的较量,决定了战争的最后结局。

一位英国历史学家说:"德国的失败始于敦刻尔克。我是从空中看到这一结论的。"

第二次世界大战空战场景

敦刻尔克是法国北部边境的一个城市港口。1940年5月,英法联军防线在德国机械化部队快速攻势下迅速崩溃。5月21日,德军主力到达英吉利海峡沿岸,英法联军40万人被包围在狭小的敦刻尔克地区。他们三面受敌,一面临海,唯一的生路就是从海上撤往英国。

5月26日，他们开始了代号为"发电机"的撤退行动。可是，敦刻尔克港口已被德国空军炸成了废墟，英国军舰无法靠近海滩，撤退行动开始后的第二天只撤出了7000多人。他们必须创造逃生的奇迹。

他们最终创造了奇迹。短短10天的大撤退中，英、法和比利时联军有338226人从敦刻尔克撤回到英国本土，为盟军日后的反攻保存了大量有生力量。

这次撤退行动中，英国空军发挥了巨大作用。他们总共出动2739架次战斗机进行空中掩护，平均每天出动300架次。英国空军的飞行员竭尽所能为部队提供掩护，有的飞行员一天出动三四次，使敦刻尔克海滩上空自始至终都有英军飞机，有力地抗击了德军的空袭，掩护了部队的撤退。

敦刻尔克大撤退（代号：发电机计划）是第二次世界大战时，在1940年5月，英法联军防线在德国机械化部队快速攻势下崩溃之后在敦刻尔克这个位于法国东北部靠近比利时边境的港口城市进行当时历史上最大规模的军事撤退行动。最终英国仍得以利用各种船只撤出大量的部队，成功地挽救了大量的人力。可是英国派驻法国远征军的所有重型装备都丢弃在欧洲大陆上，造成英国本土地面防卫发生严重的问题。图为敦刻尔克等待撤退的英法联军

敦刻尔克纪念碑

丘吉尔的结论十分简洁干脆："这次撤退孕育着胜利,它是靠空军取得的!"

天空战场的搏斗,对二战中英国本土的保卫更加意义非凡。

1940年8月开始的不列颠战役中,英德空军进行了人类历史上第一次大规模的空战。

战役期间,德军每天平均出动飞机1000架次。英国皇家空军飞行员们人数处于劣势,但他们奋勇拼搏,浴血奋战,每人每天都要执行3次左右的战斗任务,顽强抗击了德国人来自天空的打击。

不列颠战役以英国的胜利而告结束。

丘吉尔由衷赞扬英国空军飞行员的英勇表现,他说:"在人类战争的领域里,从来没有过这么少的人对这么多的人做出这么大的贡献。"

不列颠战役是人类战争史上首次空战战争,证明了战略性的大规模空袭将直接影响战争的进程,显示出制空权在现代化战争中的重要地位,并证明了防空的战略意义。由于不列颠战役的胜利,英国得以保存下来,而英国的坚持抗战,把德军拖入了致命的长期持久战,成为日后英美反攻欧洲大陆的跳板,使德军陷入了两面作战的困境。在1940年7月至10月不列颠之战的最关键阶段中,德军出动飞机共约4.6万架次,投弹约6万吨,被击落各型飞机1733架,被击伤943架,损失空勤人员约6000人。英国空军损失飞机915架,飞行员414人,英德双方飞机损失比0.527:1,飞行员损失比0.069:1。在空袭中英国被炸毁的房屋超过100万幢,无辜平民死伤达14.7万,占英国在战争中死伤人数的20%。至1941年5月,德军在对英国空袭作战中,损失的飞机更是超过2000架。英军损失飞机共995架。图为不列颠战役战场场景

偷袭珍珠港是指由日本政府策划的一起偷袭美国军事基地的事件；1941年12月7日清晨，日本海军的航空母舰舰载飞机和微型潜艇突然袭击美国海军太平洋舰队在夏威夷基地珍珠港以及美国陆军和海军在欧胡岛上的飞机场的事件。太平洋战争由此爆发。这次袭击最终将美国卷入第二次世界大战，它是继19世纪中墨西哥战争后第一次另一个国家对美国领土的攻击。这个事件也被称为珍珠港事件或奇袭珍珠港。图为珍珠港被袭击场景

与此同时,二战中的"德国闪击战"、"偷袭珍珠港"、"中途岛战役"以及盟军对德国和日本本土的战略轰炸等等,无不显示出空中力量无人能及的打击威力和对整个战局的决定性影响。

美国首任空军部长斯图亚特·赛明顿曾不无自豪地感慨:"美利坚合众国的命运,在于空军的不断发展。"

第二次世界大战的进程和结局,不容置疑地宣告了"空权"时代的到来。

二战时期,中国的天空分外悲壮。

223架飞机,这就是抗战初期中国空军能够参战的全部空中力量。而侵略者日本的陆、海军航空兵可用于作战的飞机则为2300多架。

一比十,力量对比极为悬殊。

尽管如此,年轻的中国空军勇士表现出有我无敌的英雄气概,奋勇拼杀,视死如归,取得过多次辉煌战绩,出现了高志航、刘粹刚、李桂丹、乐以琴、陈怀民等一批令人敬仰的空战英雄。

可是,战争不仅需要勇气,更需要国家的实力。当时中国的航空工业刚刚起步,飞机完全依赖进口,许多机型已经过时,性能很差。而日本则可以凭借其成熟的工业基础源源不断地及时补充战机,并不断改进飞机性能。

笕桥中央航校旧址位于浙江省杭州市笕桥镇东北部横塘村。1930年，蒋介石决定在原中央军校航空班的基础上，择址杭州笕桥，扩建为中央航空学校。1931年春，校舍和机场等建成，设立机构，采购飞机，招生办学，并先后在洛阳、广州设立分校。1931年秋，军政部航空学校在南京成立。是年12月，航空学校迁杭州笕桥。1932年6月，扩大改组为中央航空学校，隶属于军事委员会航空署。航校聘美国人为顾问，并向美国购买贵力提、道格拉斯、可塞等型号飞机作教练用机。学校设飞行科、机械科，旨在培植空军人才。至1937年抗战前，共培训学员500余名。抗战爆发后，航校先后迁往云南昆明、巴基斯坦拉合尔，并改名为中央空军军官学校。至抗战胜利学校又迁回杭州原址。1948年冬，迁往台湾。杭州解放后，航校由中国人民解放军空军部队接管，仍作为航空学校和军用机场使用。1957年，改为军民两用机场。2000年，因杭州萧山机场建成使用，民航撤出笕桥机场。图为笕桥航校烈士碑

第一章 穹庐

日军的飞机在中国天空

对于中国空军,这是一场惨烈的空中厮杀。从1937年8月14日中国空军投入作战起,到12月中旬南京失守,四个月的时间里,中国空军在顽强拼杀中实力损失殆尽。

中国丢失了制空权,中国失去了自己避风遮雨的天空"穹庐"。

为了进一步打击和摧毁中国人民的抗战意志,日本侵略者给侵华日军下达了凶恶的"航空进攻作战"令。凭借其空中优势,日军的飞机在中国的天空如入无人之境,不断采取"高密轰炸"、"疲劳轰炸"、"月光轰炸"、"无限制轰炸"等战术,制造了一次次震惊中外的血腥大轰炸。

延安曾20多次被轰炸,鲜血淋淋,废墟片片。

重庆则遭受了持续5年多的大轰炸,整个城市满目疮痍,遍地哀嚎。

  重庆大轰炸指中国抗日战争期间,由1938年2月18日起至1943年8月23日,日本对战时中国陪都重庆进行了长达5年半的战略轰炸。据不完全统计,此段期间日本对重庆实施轰炸超过200次,出动9000多架次的飞机,投弹11500枚以上。重庆死于轰炸者10,000以上,超过10,000幢房屋被毁,市区大部份繁华地区被破坏。日本对重庆实施的空袭,是继德国在1937年4月西班牙内战中对格尔尼卡平民实施轰炸之后,历史上最先实行的战略轰炸。其目的是希望透过制造大量平民杀伤,以瓦解对方抵抗的士气。故此轰炸时不分前线及后方,亦不以军事目标为主要对象,反而多以为居民区、繁华的商业区等为目标。之后二次大战中德国对英国考文垂的空袭,英、美对德国的空袭,皆为同样的手法。日本轰炸重庆时首次大量使用燃烧弹,用以燃烧市区的房屋。到了二次大战的末期,美国亦以相同的手段对付日本,对日本本土进行大规模燃烧轰炸。图为重庆大轰炸场景

中国的天空在哭泣。

8年抗战中,这种惨状持续了长达6年。1943年,中国空军引进大批美国先进战机,加之友军支援,才重新夺回中国天空的制空权。

共产党人决心给中国的天空打造一个安全的"穹庐"。

在中国,创建人民空军的历史甚至可以追溯到人民军队成立之前。富有远见卓识的中国共产党人在建党之初,就立下了建设一支强大的现代化航空力量的宏愿,几十年来梦寐以求,孜孜不倦地为之奋斗。

1926年6月,国民革命政府从广州航空学校选调12人到苏联学习航空,其中有共产党员常乾坤等5人。图为学飞行的常乾坤

早在上个世纪20年代的第一次国共合作时期,广州大沙头航空学校第一期招收的10名学员中,就有共产党员4人;第二期选送苏联学习的12名学员中,就有共产党员5人;国共合作破裂后,共产党人又

1927年9月,中共中央决定从苏联学习的共产党员、共青团员中,选调王弼等12人进入苏联航空学校学习飞行和航空工程。图为学习航空工程的王弼

两次从留学苏联的党员青年中选调人员转入苏军航校学习。第一次国内革命战争时期,在鄂豫皖苏区,中国工农红军曾经拥有自己的第一架飞机——列宁号,遂行过升空侦察、投撒传单、配合作战、轰炸敌军等任务。抗日战争爆发后,中国共产党从西路军进疆人员和延安红军干部中选调43人参加盛世才的新疆航空队学习。1942年盛世才公开反共,航空队的共产党人身陷囹圄依然壮志凌云,牢狱铁窗之内还在演练起飞、着陆的动作,直到抗战胜利以后的1946年经多方营救才得到释放,回到延安。

中国共产党早期对于航空人才的培养和储备,为以后人民空军的正式建立准备了火种。

1946年3月1日,中国共产党历史上第一所航空学校——东北民主联军航空学校,也就是人们后来

1930年2月16日,一架国民党空军的美制可塞型飞机因大雾迷航,油料耗尽,在鄂豫皖边区陈家河河滩迫降被俘获,飞行员龙文光参加红军。这架飞机成为中国工农红军拥有的第一架飞机,被命名为"列宁"号。图为飞行员龙文光

图为"列宁"号飞机

新疆边防督办公署航空队

1938年3月,中共中央选调一批共产党员到新疆航空队学习。1942年7月,被军阀盛世才监禁,后投入监狱。经中共中央和周恩来副主席大力营救获释后于1946年7月回到延安。图为"新疆航空队"人员回到延安时的合影

新疆航空队学员在冰天雪地里学习飞行

所说的东北老航校宣布成立。在其后四年的创业历程中,老航校人克服了难以想象的重重困难,用马拉和人推飞机、用自行车气筒给飞机轮胎打气、把闹钟绑在腿上当计时表,为人民空军培养了第一批飞行员、领航员、机务和后勤保障人员。

东北老航校历史回顾

◀ 1946年1月1日,东北民主联军航空总队在通化成立。图为成立时搭制的彩门

▶ 1946年3月1日,东北民主联军航空学校在通化成立。图为建校初期主要领导人。1947年9月,东北民主联军参谋长刘亚楼兼任航校校长

▲ 用马车拉运飞机和航材转场

▲ 用自行车气筒给飞机轮胎打气

▶ 试验用酒精代替汽油获得成功，解决了飞行训练的急需

◀ 冒着敌机轰炸，奋勇扑火抢救飞机

飞行员在机场吃冰冷的玉米饼子 ▶

▲ 机械一期部分学员合影

◀ 飞行一期甲班学员合影

1949年11月11日，中国人民解放军空军作为一个独立的军种，正式宣告成立。曾经在苏联伏龙芝军事学院深造并参加了苏联卫国战争的东北野战军14兵团司令员刘亚楼出任第一任空军司令员。

新组建的人民空军起点较高。在苏联的帮助下，人民空军通过购买的方式，直接装备了当时最先进的喷气式飞机，而且很快就在朝鲜的天空得到了实战的锤炼。

他们是一群被美国对手轻蔑地称为"娃娃空军"的天空勇士。

在朝鲜天空战场，美国空军飞行员大部分是参加过第二次世界大战的老手，平均有着2000小时以上的飞行时间，不少人还是"王牌"。而中国飞行员则普遍不到100小时的飞行时间，在喷气式飞机上的飞行时间更短，平均只有10几个小时，很多人根本没有进行过任何空战训练。

一个特殊背景是，世界政治格局已经进入"冷战"时期，两个超级大国都力避新的世界大战，谁也不敢轻易跨过核门槛。在朝鲜天空，美国空军的翅膀受到了某些制约：他们拥有绝对的制空权，却不敢对中国境内实施战略轰炸，他们并不喜欢空中格斗，却不得不同中国人民志愿军空军进行大规模空战。

尽管如此，这仍然是一场极不对等的空中"拳击赛"。

　　刘亚楼（1910.4.8—1965.5.7），中国人民解放军高级将领。原名刘振东，福建武平人。1929年8月加入中国共产党，1939年赴苏联伏龙芝军事学院学习，并于次年9月参加了苏联卫国战争。1945年8月回国后，任东北民主联军（后改名为东北野战军）参谋长，1949年3月，被任命为四野第十四兵团司令员。7月，受命组建中国人民解放军空军，10月25日任首任空军司令员。1955年被授予空军上将军衔。1959年起历任国防部副部长兼国防部第五研究院院长、国防科委副主任。1965年病逝于上海，享年55岁

1950年10月，应朝鲜政府的请求，中共中央毅然作出"抗美援朝、保家卫国"的重大战略决策。同时，决定组建中国人民志愿军，同朝鲜人民一起打击美国侵略者。中国人民志愿军空军，随后也参加抗美援朝作战

1950年11月30日，朱德总司令在空军刘亚楼司令员的陪同下，视察准备参加抗美援朝实战锻炼的空军第四师。他勉励飞行员：你们飞得好，你们的任务很光荣，前方的部队正盼望你们，希望你们早日参加战斗

以美国为首的联合国空军，开始投入14个空军联队，作战飞机1100多架。而中国人民志愿军空军最初仅有新组建的两个航空兵师、一个轰炸团，一个强击机团，作战飞机不到200架。

在这个不对等的空中"拳击台"上，这群由步兵战斗英雄组成的中国的"娃娃空军"，用地面战场上拼刺刀的精神，打响了世界空战史上首次喷气式飞机大空战。

中国人民志愿军空军取得了一次次辉煌战绩，涌现出李汉、赵宝桐、王海、刘玉堤、张积慧、孙生禄等一大批战斗英雄，并且在清川江和鸭绿江之间建立了让美国空军望而生畏的"米格空中走廊"。美国空军参谋长范登堡沮丧地感叹："共产党中国几乎在一夜之间就变成了世界空军强国之一。"

1950年12月21日,空四师师长方子翼率领十团二十八大队10名飞行员进驻安东浪头机场,进行实战练习。他们是首批参加抗美援朝的飞行员。这10名飞行员是:大队长李汉,副大队长李宪刚,中队长赵明,飞行员张洪清、孙悦昆、宋亚民、褚福田、吴奇、赵志财、魏梦云

志愿军空军机群

志愿军空军历史回顾

▲在抗美援朝作战中,志愿军空军用拉-11型活塞式歼击机击落击伤美空军F-86型喷气式战斗机7架

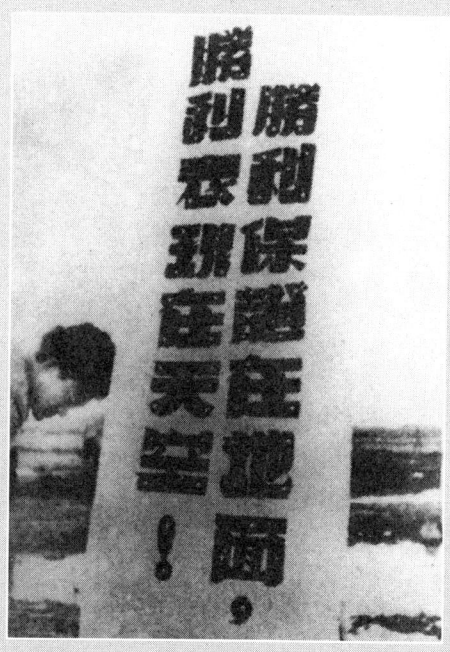

▲空三师九团出击前,林虎(右)副团长作战术指示

◀机场路口竖起"胜利保证在地面,胜利表现在天空"标语牌

▲后勤人员在抢修野战机场

▲炊事人员把饭菜和开水送到机场

▲建立雷达情报系统

▲机务人员在检修飞机

▲气象人员在向飞行指挥员汇报天气情况

▲空军刘亚楼司令员总结和讲述"一域多层四四制"的空战战术原则

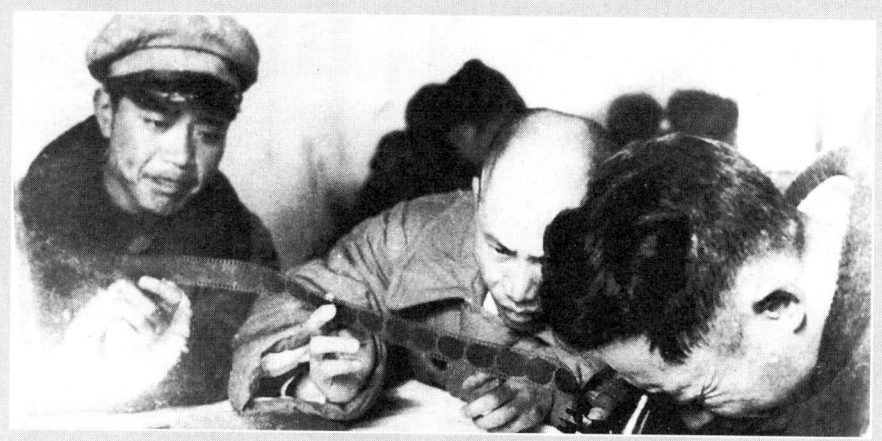
▲空三师代师长袁彬(左3)、政委高厚良(左2)在判读赵宝桐(左1)击落敌机的射击胶卷

▲空十二师三十四团在10个月的空战中,取得击落敌机43架、击伤4架的重大胜利,荣立集体二等功

▲王海(站立者)向刘亚楼(前排中)和刘震(前排左)汇报空战情况

◀1951年11月29日夜间，空十师二十八团大队长姚长川率领10架轰炸机对大、小和岛附近海面上的敌军舰进行轰炸。这是志愿军空军轰炸机部队第一次执行夜间轰炸任务

▲1951年11月30日，空八师二十四团一大队大队长高月明率领九架轰炸机出击途中突遭敌F-86型飞机机群偷袭，他们击退敌机30余次攻击，且战且进，到达目标上空将炸弹倾泻在大和岛上

▶参加轰炸大和岛的空八师二十四团一大队荣立集体二等功

▲1951年11月6日，空八师二十二团在空三师七团、空二师四团的掩护下，对大和岛之敌实施轰炸，命中率达90%。这是志愿军空军轰炸机部队第一次执行轰炸任务

▲空八师二十四团一大队通信长刘绍基，以活塞式轰炸机杜-2击落敌F-86型喷气式战斗机1架，荣立一等功，开创了以活塞式轰炸机击落喷气式战斗机的范例

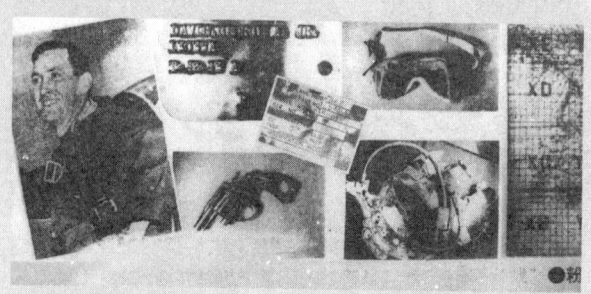
▲戴维斯的照片、证件、手枪及飞机残骸

▲审讯费席尔

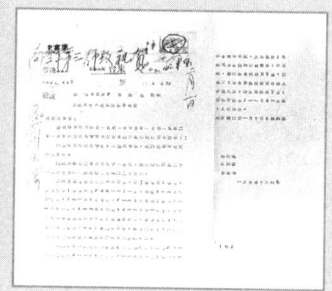
▲空三师自1951年10月21日至1952年1月14日参战86天，共击落击伤敌机64架。1952年2月1日，毛泽东主席看了空军报告后批示"向空军第三师致祝贺"

天空的风云总是变幻不定。

1991年，20世纪进入最后一个十年，世界上发生了两件大事：一是苏联解体，二是海湾战争。前一件事改变了世界政治格局。后一件事则引爆了军事领域的革命。

伊拉克，中东第一军事强国。拥有8000辆主战坦克，100万陆军，近800架作战飞机，包括预警机、战略轰炸机，还配有法国制造的"卡里"防空指挥信息系统。可在多国部队猛烈而精准的空中打击之下，竟然没有还手之力！在空中力量支援下的地面战只有100个小时，竟使强悍的伊拉克陆军土崩瓦解！

这一结局，出乎所有人的意料，包括伊拉克人，包括美国人。美国人在战前，专门向前线配发了两万具装尸袋。实际上只用了不到200具。

1991年1月17日凌晨2时40分，停泊在海湾地区的美国军舰向伊拉克防空阵地、雷达基地发射了百余枚"战斧"式巡航导弹。以美国为首的多国部队开始实施"沙漠风暴"行动，海湾战争爆发。从1991年1月17日到2月24日，以美国为首的多国部队利用自己的海空优势和高技术优势，对伊拉克进行持续38天的空中突击，使伊拉克的指挥和控制系统瘫痪，严重削弱了伊军的战斗力。伊军全线溃败，29个师丧失作战能力。美国总统布什宣布多国部队于28日8时停止战斗，海湾战争结束。伊军伤亡约10万人（其中2万人死亡），17.5万人被俘，损失了绝大多数的坦克、装甲车和飞机。而美军只有148人阵亡（非战斗死亡138人），458人受伤（非战斗受伤2978人）。其他国家阵亡192人，受伤318人。海湾战争是冷战结束以后规模最大、参战国最多、现代化程度最高的一场局部战争。参加多国部队的国家达到了39个，兵力达80余万人。与多国部队对垒的伊拉克也动员了120万兵力，在科威特战区部署了54万大军。多国部队不仅在空、海军方面占有绝对优势，在科威特战区的地面部队与伊军也大体持平，在装备上则大大优于伊军，战争的胜负早已注定

第一章 穹庐

F—18战机编队发起攻击

1991年3月1日,科威特城外公路上满是被多国部队摧毁的伊拉克军车和坦克

在接下来的十多年里,这种让世人"大跌眼睛"的战争又发生了三次:

1999年3月,科索沃战争,军事专家们预测:这场战争是解决版图划分纠纷,肯定要动地面部队。可事实是:地面正规部队未动一兵一卒,生生靠轰炸炸服了对手。

2001年11月,阿富汗战争,军事专家们预测:这场战争的主要样式是山地游击战,80年代苏联打了10年没拿下,现在的美国人也会困难重重。事实是:塔利班政权抵抗了一个月便彻底战败。

2003年3月,伊拉克战争,军事专家们预测:这场战争的目的是颠覆政权,必将展开残酷的城市巷战。事实是:美英陆军向伊拉克腹地开进基本未遇到有力抵抗,进入巴格达市区更犹如巡逻演习,轻而易举把萨达姆拿下。

1999年3—6月,以美国为首的北约军事集团对南联盟发动的代号为"联盟力量"的科索沃战争是一场以远程和高空精确打击为主的"非接触性战争"。这场战争自始至终表现为一场大规模空袭与反空袭战役,以完全独立的空中战役达成了战略目的,标志着空中作战的地位空前上升

2001年10月7日,美英以塔利班包庇和窝藏9·11恐怖袭击的幕后凶手为由,向阿富汗发动了大规模空袭。在地毯式的猛烈轰炸和阿富汗反塔联盟的大力配合下,塔利班政权节节溃败。11月13日,北方联盟进入首都喀布尔,阿富汗战争出现转折点。11月14日北方联盟军队占领阿富汗东部主要城市贾拉拉巴德,塔利班在阿富汗的统治已呈现出崩溃之势。12月7日,塔利班交出了大本营——坎大哈,标志着塔利班在阿富汗统治的彻底完结

2003年3月20日，美英联军在未经联合国安理会授权的情况下向伊拉克发起军事行动。4月9日，美军攻入巴格达。5月1日，美国总统布什宣布在伊主要战事结束。7月13日，成立伊拉克临时管理委员会。12月13日，萨达姆在其家乡提克里特附近被美军抓获

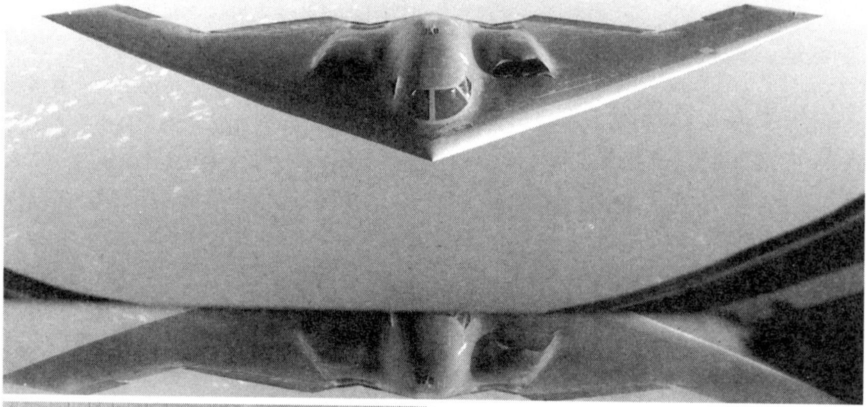

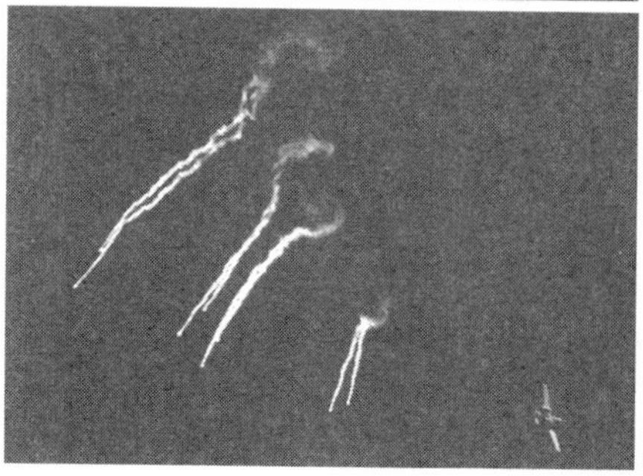

这些让人目瞪口呆的战争，给人以振聋发聩的警示：时代正发生着剧烈的变革，实践走在了人们思维的前面。

战争的杠杆，完全倾斜在空中力量占据压倒优势的一方。

伊拉克战争打响的2003年，人类航空正好走过了100年的历程。

这是以飞翔的文明推进文明飞翔的100年。空中力量的迅猛发展，给人类社会带来了革命性的巨大变化。突然之间，世界已经进入空中力量主导和决胜的时代。在这个时代，空中力量变得更加咄咄逼人，天空也变得更加脆弱和危险。空中战场已经成为决定性的战场，没有强大的空防便没有真正的国防。

面对来自天空的安全威胁，每一个国家都不可回避地必须重新审视自己头顶的"穹庐"。

美国人早就进行了这种审视，而且以非常求实的态度作了自我反省。

1942年，罗斯福总统正式为米切尔恢复名誉和准将军衔，并将二战中的B–25轰炸机以"米切尔"命名。

1946年8月8日，美国国会追授米切尔以特殊勋章，表彰他对发展美国空中力量作出的巨大贡献。

2004年10月8日，也就是在米切尔去世68年之后，美国国会在举国

上下一致的呼声中,追认米切尔为"现代空中力量之父",并授予少将军衔。他们坦率承认了过去的错误:"如果没有威廉·米切尔,我们今天因为倚重空军力量而取胜的作战将不会存在,我们也将为取得胜利而付出沉重的代价。"

中国没有出米切尔,但中国有享誉世界的兵圣孙子。孙子说过:"善守者,藏于九地之下;善攻者,动于九天之上。"穿越两千多年的时空,人们惊异地发现,孙子以一种浪漫的夸张阐述的军事思想,竟成为当今信息化条件下高技术战争的生动写照。

现代战争已经由天空跃升到了深远的太空。大气层空间与太空形成一个统一的战场。海湾战争、科索沃战争、阿富汗战争、伊拉克战争的胜利背后,遨游太空的卫星功不可没。

美国总统布什说:"阿富汗作战使我们对未来军事思想有了更多的认识,比专家和智囊们讨论十年的收获都大。当我们所有的军队都能连续确定和跟踪移动目标,包括从天空和太空进行监视,战争方式就会真正发生革命性的变化。"

今天,我们头上的星空不再充满诗意。

闪烁的星群里,隐藏着成百上千颗致命的军用卫星。

激光武器、粒子束武器、微波武器和动能武器等,这些新概念的太空武器有些已经走出了实验室。

毫无疑问，我们已经进入了"空天"时代。

在这个时代，国家安全和国家利益的最大威胁不仅来自天空，而且来自太空。

高远的太空，将是人类战争的最后高地。

为了应对明天的战争，许多国家都在审时度势，顺应这一军事变革潮流，积极打造一支以航空力量为主、以航天力量为辅的空中力量，尽快实现"空天一体"的全面转型，并显示出向以航天力量为主、以航空力量为辅的发展趋势。

"天似穹庐，笼盖四野"。为了捍卫国家安全和空天利益，每个国家都在力图打造出更加结实的"空天穹庐"。

时不我待，中国空军的建设任重道远。

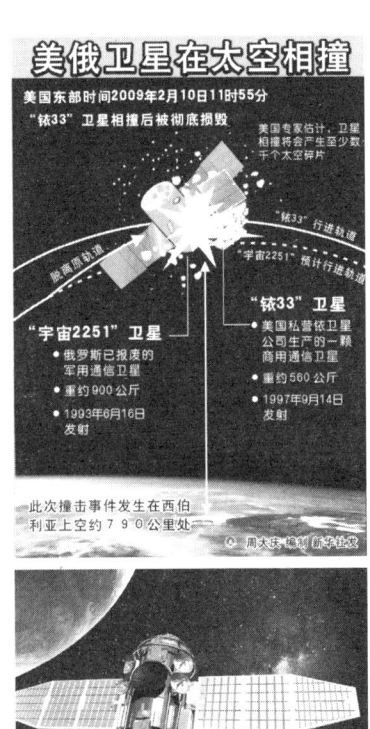

美、俄卫星在太空相撞

第二章 星 群

英国《泰晤士报》2006年3月28日报道,考古学家在希腊南部萨拉米斯岛挖掘出了有3500年历史的埃杰克斯宫殿。据荷马史诗《伊利亚特》记载,这位叫做埃杰克斯的国王兼战士是特洛伊战争中最令人敬畏的勇士。这一考古发现证明,荷马史诗中讲述的这段传说取材于真实历史事件

英雄是文明皇冠上的宝石。人类各个民族史诗的主角都是英雄。

人类文明的一个悲剧性的悖谬命运便是,每一种新兴文明的出现都意味着进步和人类能力的提升,同时也带来了更加残酷和血腥的争战。所以英雄与战争有着不解之缘。哺育了整个西方文明的荷马史诗创造了像阿喀琉斯、赫克托耳等一系列冷兵器时代的英雄群像。古犹太人的大卫王传奇,基督教文明中亚瑟王和圆桌骑士的传说,在中国几乎家喻户晓的关羽、岳飞、文

岳飞，中国著名军事家、民族英雄、抗金名将，字鹏举，南宋中兴四将（岳飞、韩世忠、张俊、刘光世）之一。汉族。河北西路相州汤阴县永和乡孝悌里（今河南省安阳市汤阴县菜园镇程岗村）人。20岁投军抗金。绍兴十一年（1141年）十二月二十九日，秦桧以"其事莫须有"的罪名将岳飞治罪，在临安大理寺狱中被狱卒拉肋（猛击胸肋）而死，时年39岁。图为中国国防大学里的岳飞雕塑

第二章 星群

55

天祥、戚继光，都是浸淫、激励了各个民族千百年心灵的英雄豪杰。

航空航天技术的出现创造了人类历史上一种崭新的"立体文明"，国家安全的传统内涵随之延伸和拓展。战神驰骋的疆场从陆地和海洋升到了天空，也诞生了人类历史上前所未有的新型的英雄。

世界历史上的第一位空战英雄是俄国飞行员涅斯捷罗夫。他是第一个从空中夺走敌人性命的飞行员。在他的座机尾部，装着一把锋利的刀子和一把带重锤的钢索。如果他遇见的是飞艇，他就用刀子剖开其脆弱的蒙皮，让它泄气坠毁；如果碰到的是飞机，他便使用铁锤绞住敌机的螺旋桨，然后将敌机撞下天空。1914年9月8日，涅斯捷罗夫与一架奥地利飞机相遇，当他的座机撞上敌机的同时也被对方死死挂住，双双同归于尽。1947年，

俄罗斯飞行员涅斯捷罗夫

涅斯捷罗夫之墓

在他战死的加里西亚,俄国人郑重其事地为年仅27岁的空中斗士立了一块碑,上面写着:"著名的俄国飞行员、特技飞行创始人波得·尼古拉耶维奇·涅斯捷罗夫上尉在此英勇献身,他是世界上第一位完成空中斤斗和空战中采用撞击技术的人。"

第一次世界大战爆发,欧洲飞行员们把中世纪骑士的豪侠风度带上了蓝天。他们用青春、勇敢和智慧,用汗水、鲜血和生命促进了军用飞机的发展,创造了空中格斗的战术,也创造了"立体文明"里一个光辉夺目的词汇:王牌。

第一个取得"王牌飞行员"称号的是法国人罗朗·加罗斯。1915年4月1日,加罗斯在空战中准确地击中一名德国飞行员的头部,使敌机在几秒钟之内坠落在地。不过20天时间,他又取得了击落2

法国飞行员罗朗·加罗斯

第二章 星群

架、迫降2架的战绩，一家报社将"Ace"这个词汇送给加罗斯。从此"Ace"也就是"王牌"成为世界各国空战英雄的称号，"王牌"的标准就是击落5架飞机。王牌的诞生拉开了蓝天英雄交响乐的序幕，空战明星一颗接一颗从大地上升起。

第一次世界大战期间令世人瞩目的王牌飞行员有——美国飞行员卢克，一战中第一个被授予"荣誉勋章"。卢克因为其独行侠式的作战风格，被誉为"最伟大的空中斗士"。美军为了纪念他，特地把亚利桑那州一个空军基地命名为卢克空军基地。

英国飞行员阿伯特·鲍尔，被称为"世界上最伟大的偷袭敌机的能手"。他是空中自由行动的倡导者。他的战绩是40架。

英国飞行员阿伯特·鲍尔

法国王牌飞行员乔治·居内梅7次被击落，却又7次重返天空，直到战死。他的战绩是54架。

整个一战中最为耀眼的王牌飞行员是德国的曼弗雷德·冯·里希特霍芬。他出生于普鲁士一个贵族家庭，从骑兵上尉参加了空军。在他还没有成为"王牌"时，就击落了英军一名王牌飞行员拉诺·霍克。1917年初，冯·里希特霍芬的航空机枪威震索姆河春天的天空。在"浴血的四月"，他带领他的中队击落了协约国89架飞机，他一人就创下击落20架的记录。由于他的座机机翼上涂有与众不同的红色，对手敬畏地送给他一个尊称："红色男爵"。

法国飞行员乔治·居内梅

里希特霍芬迅速将他的战绩提高到80架，创下一战所有飞行员的最高纪录。

1918年4月21日，里希特霍芬与英国战斗机突然遭遇，欧洲天空上最亮的一颗明星陨落了。他的死

第二章 星群

德国飞行员里希特霍芬

讯传来时,无论德军还是英军或者法军飞行员,每个人的反应都是"他怎么会死"!在所有人的心目中"红男爵"早已成为一个神话。他的对手把他战机残骸上的所有东西都包了下来留作纪念品。英国人为他们敬畏的对手举行了隆重的葬礼。六名英军上尉抬着26岁的德国空军上尉的棺木,走向鲜花簇拥的墓地。一位英国摄影师拍下了战争史上这令人感动的一幕。

这是一种超越国界和仇恨的职业式的尊敬。它同时也超越了时空。列队的军人向空中勇士致意而对空鸣放的枪声回荡在人类历史的史册上。

王牌出现之登峰造极是在第二次世界大战中。二战是人类历史上至今为止最为残酷的战争记忆。空战规模空前绝后,各参战国动用数千架飞机争夺制空权。对于各国的空战英雄来说，二战的岁月是他们表演奇异而又崇高舞蹈的黄金舞台，他们的名字在历史上永远放射着耀眼的光芒——

代号为"雄鹰13"的苏联飞行员伊凡·阔日杜布，是二战全期包括英美在内的整个反法西斯盟军射手榜的第一名。在330次出击中空战120回，战绩62架。阔日杜布三次获苏联英雄称号，1985年升任苏联空军元帅。

苏联飞行员伊凡·阔日杜布

苏联飞行员亚历山大·波克雷什金，战斗起飞达650多次，参加空战156次，击落德机59架，开创了8机编队战术，被誉为"苏维埃空战战术之父"。他还把古代战场上的英雄风范带到了天上，每每出战之前，他都要通过无线电向敌人宣战："德国飞行员听着！伟大的王牌飞行员波克雷什金就要出战了。"

苏联飞行员亚历山大·波克雷什金

第二章 星群

世界上第一个也是绝无仅有的一个女"王牌"飞行员是苏联的莉迪亚·莉托娃,她和她的飞行员丈夫阿列克塞·沙罗马登合作,击落过11架敌机。夫妇二人先后牺牲疆场,为国捐躯。

苏联飞行员莉迪亚·莉托娃

二战中动人的王牌传奇还有英国的"无脚飞将军"道格拉斯·巴德。他21岁时因飞行事故坠机受伤,双足被截肢,二战爆发后重返空军,总共击落了23架德机,但他自己也被击落,为德军俘获。他被俘后受到德军飞行员们的欢迎,大名鼎鼎的王牌阿道夫·嘉兰德以接待上宾的姿态礼遇巴德,空军元帅戈林破例允许英机进入德国空投巴德的假肢。巴德多次借助假肢从战俘营逃跑但都没有成功,直到1945年4月被盟军解放后作为英雄回到了祖国。此时,嘉兰德已以战俘的身份被监禁,巴德去探视,回报

英国飞行员道格拉斯·巴德

对方当年的礼遇,双方的身份刚好调了个个。敌国之间两个飞行英雄的武德风范一时传为佳话,根据巴德的事迹拍摄的电影《直达天空》1956年在世界各地公映。

美军二战中的头号王牌是理查德•邦格。他驾驶一架P-38闪电式战斗机,在南太平洋联合行动中击落敌机40架。这个顽皮胆大、经常违犯军纪的"坏小子"却被授予一项全世界飞行员都无法享有的特权,他可以无须请示上级批准,随时随地参加任何他想参加的战斗,充分体现了美国西部牛仔的英雄风格。

但是美国二战中的第一位空战英雄却是一位华裔,他叫陈瑞钿。1997年10月4日,美国空军历史博物馆所属的美国空军战斗英雄馆举行对陈瑞钿的表彰仪式,但英雄本人已于这之前的一个月零一天病逝。

美国飞行员理查德•邦格和其女友

美国华裔飞行员陈瑞钿

陈瑞钿1913年出生于美国俄勒岗州的波特兰市，祖籍广东省台山县大江村。他在高中时期就靠打工挣钱来学习飞行。"九·一八"事变后，陈瑞钿参加了美国华人回国抗战的志愿军。在1937年至1939年间，执行过多次截击、护航等任务，参加多个重大战役，共击落敌机9架。在空战中，他的座机曾三度被击落，但都幸运生还。1939年12月27日，在邕宁附近上空，中方参战的3架飞机与日本10多架战斗机遭遇，陈瑞钿的座机油箱在战斗中被击中起火。他带火跳伞，全身上下被大面积烧伤，于1940年返回美国就医。他的事迹深深打动了另一位美国空战英雄、很早就获得王牌头衔的肯恩·杰恩斯特。肯恩竭力向空军博物馆顾问委员会推举陈瑞钿入选空战英雄榜。经过常年坚持不懈的奔走游说，顾问委员会终于将陈瑞钿的名字刻在了美国空军战斗英雄馆的英雄榜上，正式被评选为第二次世界大战美国的第一位空战英雄。

陈瑞钿却不是中华儿女走上空战英雄龙虎榜的第一人。二战结束前，美国《生活》杂志曾经评选刊登了二战中闻名于世的12名飞行员照片，其中有一位中国飞行员徐焕升，照片上标明："徐焕升是先于吉米·杜利特尔轰炸日本本土的第一人。"1938年5月19日至20日，徐焕升率8人驾驶装有200多万张传单的两架马丁B-10型轰炸机，飞越东海远征日本本土，将传单全部投下日本九州岛。世界各国为之震惊。八路军驻武汉办事处代表周恩来、王明等人前往国民政府航空委员会慰问徐焕升等空军勇士，并赠送两幅锦旗，锦旗上各绣"德威并用，智勇双全"、"气吞三岛，威震九州"八个大字。

中国飞行员徐焕升

第二章　星群

八年抗战中，中国空军"四大天王"舍生忘死，叱咤风云、用血肉之躯铸造民族长城的事迹早已在国内传诵，妇孺皆知。

当年被称为"空军军魂"的高志航，任中国空军第四大队大队长。1937年8月14日19时，第四大队受命飞抵笕桥机场，刚刚降落尚未停稳，日本的"三菱—96"轰炸机便飞临机场上空进行偷袭。为了不让日机抢先用火力封锁高度、轰炸跑道，高志航不等飞机加油便强行起飞。日本人被搅乱阵脚，慌乱地抛下炸弹，开始逃窜。高志航很快打下了两架敌机。紧接着，四大队全部升空作战，击落6架敌机。8月14日被国民政府定为空军节。随后，四大队转战各地，高志航击落击伤敌机十余架。11月21日，高志航在周家口机场转场停留时，遇日机偷袭。他冒着弹雨冲向座机，但炸弹在身边爆炸了，中国空军的一代天王巨星陨落。

中国飞行员高志航

中国"红武士"刘粹刚，在空战中首次击落了号称"天下无敌"的日本空军96式驱逐机，创造了中国空军第一次击落这种"王牌"飞机的记录，成了日本飞行员的"克星"。1937年10月12日，日本海军第2航空队18架飞机飞临南京投弹扫射，刘粹刚单机闯敌阵，总共打下11架日机。日本空军号称"四大天王"之一的藤健夫大尉被击毙后，遗留的日记中留下这样的评价："2401号飞机，他是赵云式的勇士。"1937年10月27日，刘粹刚在支援忻口战役时，不幸夜撞城楼而机毁人亡，时年24岁。

中国飞行员刘粹刚

中国空军第四大队2204号飞行员乐以琴被称为"飞将军"。1937年8月15日，日本轰炸机准备再次对笕桥机场进行轰炸时，乐以琴驾驶"霍克-3"型战机从高空打到低空，盘旋、射击、拉起……一人便击落敌机4架。在整个淞沪会战

中国飞行员乐以琴

中，他共击落日机8架，成为中国空军当时首屈一指的王牌。1937年12月3日，乐以琴在单机与日寇8架驱逐机作战中壮烈牺牲，年仅23岁。

另一位空军英雄陈怀民在1938年4月29日武汉空战中，率先击落一架日机后，被5架日机包围射击。战机多处中弹，他毅然驾机向敌机撞去，两条火龙翻滚着落向地面。陈怀民生前的誓言便是："每次飞机起飞的时候，我都当作是最后的飞行。与日本人作战，我从来没想着回来！"这次空战，中国空军一举击落21架日机，取得抗战以来最辉煌的胜利。

中国飞行员陈怀民

饱经苦难沧桑的中华大地的上空，铁与血厮杀的火光照亮了中国空战英雄的面孔，也照亮了追求幸福和自由的民族心灵。1949年11月11日，中国人民解放军空军成立，中国人民的头顶再也不是任由侵略者耀武扬威的疆场。抗美援朝战争爆发以后，不足一岁、从没有战斗经历的人民空军毅然走上了历史性的空战舞台。这时她的许多飞行员只飞了几十个小时，有的还没有飞完预定的战术动作。他们所面对的则是经过第二次世界大战洗礼的号称世界最强大的美国空军。

1951年1月21日，战斗警报拉响了。5名年轻的飞行员在大队长李汉率领下，飞向战区。战斗的结果：1架敌机被击伤，我机无一伤亡。这是志愿军历史上的第一次空战，旗开得胜。8天以后，李汉再次率领8架战机飞向朝鲜安州战区，发现一批美机在前方活动。他们机智地利用阳光隐蔽迂回至美机后方，占据高度优势。当美机活动至机群右下方时，李汉发出"二中队掩护，一中队攻击"的命令后，

1951年1月21日，志愿军空军第一次空战，二十八大队大队长李汉击伤美空军F-84型飞机1架。1月29日，李汉又击落、击伤美空军F-84型飞机各1架。这是志愿军空军第一次击落敌机。李汉荣获二级战斗英雄誉称号、立一等功。图为李汉在他的战机前

第二章 星群

率领一中队右转下降,向飞在上层的 8 架美机猛冲过去。美机分成两个 4 机向左右转弯摆脱,李汉紧跟着左转的 4 架美机作了一个急转弯,顺势咬住一架美机,逼近后三炮齐射,将其击落。美机不战自溃,李汉率队追击,又击伤一架。面对强敌,初试锋芒,人民空军的战史上第一次有了击落敌机的战绩。

初战的胜利,大大激发了志愿军空军指战员们的战斗热情。1951年8月,美国空军开始执行以切断朝鲜北部交通线为目标的"绞杀战"计划,人民空军也拉开了历史上一场最辉煌的"以弱胜强"、"以劣胜优"的史诗般的战斗序幕。

1951年9月25日,中国人民志愿军空军在朝鲜安州地区第一次参加了与美国空军5批112架飞机的大规

空四师十二团一大队大队长李永泰在1951年9月25日与美军飞机空战中,驾驶中弹三十余发、负伤五十六处的飞机安全返航,被誉为"空中坦克"

模空战，首创击落美国空军F-86型战斗机的记录。第4师飞行大队长李永泰在飞机中弹、身体负伤的情况下奋勇作战，空战结束后安全返回基地，被誉为"打不烂的空中坦克"。飞行员刘涌新单机与6架敌机激战，首次击落了1架美军最新式的F-86佩刀式战斗机。

1951年9月25日，空四师十二团首次与百余架敌机空战，飞行员刘涌新与美空军6架F-86型飞机格斗，将其中一架击落后英雄牺牲，创志愿军空军首次击落敌F-86型飞机的纪录。图为刘涌新

年轻的人民空军越战越勇，创造出一个个世界空战史上的奇迹。1951年11月6日，志愿军空军的9架图—2式轰炸机编队在大队长韩明阳的率领下，对位于朝鲜西海岸的大和岛美军前哨阵地进行轰炸，81颗重磅炸弹准确地投向目标。这使美军感到了莫大的羞辱。美国空军教材上留下了这样的记载："1951年11月6日，一队双发动机的图—2螺旋式轻轰炸机对大和岛进行了成功的轰炸。"

大队长韩明阳

第二章　星　群

驾驶着熊熊燃烧的飞机,将炸弹投向大和岛而英雄牺牲的空八师二十四团飞行员毕武斌,荣获二级战斗英雄荣誉称号、立一等功

大队长高月明

11月30日,这支轰炸机部队再次出动,遭到美国空军30多架F-86"佩刀式"战斗机的偷袭。中队长邢高科驾驶战机与脸部负伤的通讯长刘绍基,与敌机展开顽强的搏斗,打得敌机凌空爆炸,开创了活塞式轰炸机击落喷气式战斗机的历史性范例。右僚机毕武斌驾驶的04号飞机在多处中弹、起火燃烧的情况下,英勇地驾机撞向大和岛,壮烈牺牲。轰炸机编队在大队长高月明的指挥下,保持投弹密集队形,组织火力网互相支援,向轰炸目标且战且进。他们采用机智、灵活的战术,完成了对预定目标的轰炸任务,同时轰炸机编队和担负空中掩护任务的歼击机编队还击落美机3架、击伤5架,仅副大队长王天保一人就以拉-11活塞式歼击机击落击伤4架美喷气式战斗机。

抗美援朝空战中，志愿军空军创造的以活塞式击落喷气式歼击机的战例，谱写了技术战术共创辉煌的壮丽诗篇，不仅为尔后的世界空战历史提供了以劣胜优的典型范例，也涌现了一大批世人瞩目、灿若群星的空战英雄——一级战斗英雄、后来成为人民空军第5任司令员的飞行大队长王海率领英雄的"王海大队"空战80多次，取得击落敌机29架、击伤11架的优异成绩，荣立集体一等功。他本人也以击落4架击伤5架敌机的战绩，和一级战斗英雄赵宝桐同创人民空军的最高记录。

飞行大队长王海在抗美援朝作战中，共击落击伤敌机9架，荣获一级战斗英雄荣誉称号、立特等功

在抗美援朝作战中，赵宝桐共击落击伤敌机9架，荣获一级战斗英雄荣誉称号、立特等功

空三师九团一大队在抗美援朝作战中，共击落击伤敌机29架，荣立集体一等功，被誉为英雄的"王海大队"

空三师七团一大队大队长刘玉堤，在抗美援朝作战中，共击落击伤敌机8架，荣获一级战斗英雄荣誉称号、立特等功

一级战斗英雄、飞行大队长刘玉堤，击落击伤敌机8架。刘玉堤15岁参加八路军，18岁时已是八路军120师358旅的侦察参谋了。1941年，中央军委为培养自己的航空技术人才，设立第十八集团军工程技术学校，刘玉堤成为首批学员之一。而后费尽周折，成为东北老航校的第一批学员，几次面临淘汰的危险，以顽强不屈的精神克服重重困难，终于飞上蓝天。1951年10月23日，美军出动飞机36批共116架，袭击清川江一带的地面目标。志愿军空军24架米格战斗机起飞迎战。刘玉堤亲眼看到一个美丽的朝鲜村庄在敌人炮弹下顷刻间化为乌有，不由怒火中烧，以闪电般的速度向敌机冲去，一直追到海面上空。在喷气式飞机上只有15小时飞行时间、从来没飞过海上课目的刘玉堤，几乎紧贴着海面飞行，死死咬着敌长机，拉起后在440米处以猛烈

的炮火，将其打得凌空开花。敌僚机慌不择路，将机腹暴露，刘玉堤紧按炮钮，敌僚机又拖着浓烟栽进大海。打下两架敌机后，刘玉堤与自己的机群失散，在单机返回战区上空时，他又盯上了一架美国F—84飞机。美机一个俯冲钻进了山沟，没有飞过超低空的刘玉堤毫不畏惧，紧紧咬住不放。敌机眼看就要撞山了，只好拉起，被刘玉堤锁定、开炮，中弹爆炸。刘玉堤几乎贴着山脊把飞机拉起，上升到5000米高度，又发现50多架准备返航的美机在海湾上空盘旋。刘玉堤以空中拼刺刀的精神孤身一人勇闯敌阵，瞄准一架F-84在150米距离上开炮，被打掉翅膀的敌机冒着黑烟，折戟沉沙。孤胆英雄刘玉堤，创造了在一次战斗中击落4架敌机的世界空战史上的经典之作。

一级战斗英雄、飞行大队长张积慧10多次参加空战，击落击伤敌机5架。1952年2月10日，在反击美

1952年2月10日，空四师十二团三大队大队长张积慧在僚机飞行员单子玉的积极配合下，一举击毙美国"空中英雄"乔治·阿·戴维斯。张积慧在抗美援朝作战中，击落敌机4架，荣获一级战斗英雄荣誉称号、立特等功

军的"绞杀战"中,张积慧一举击落美国空军英雄、少校中队长、号称"空中一霸"的"王牌飞行员"乔治·阿·戴维斯,打破了"美国空军英雄不可战胜"的神话。美国远东空军司令威兰为此发表"特别声明",说戴维斯被击毙"是一个悲惨的失败","是对美国远东空军的一大打击"。

空三师九团二大队中队长孙生禄,在抗美援朝作战中,击落击伤敌机7架,1952年12月3日英勇牺牲。后被追认为一级战斗英雄、立特等功

一级战斗英雄、飞行中队长孙生禄,击落6架敌机、击伤1架。1952年12月2日,他在击落2架敌机后,驾驶着中弹12发、座舱盖被打坏的飞机,在油料即将耗尽的情况下,滑落在友邻机场。第二天上午他回到自己的部队,当即再次驾机参战,击落敌F-84战机一架。返航后一顿午饭没吃完,接到起飞命令,又一次驾机升空,与战友的12架飞机一起与40多架美军F-86展开格斗。他两次阻挡住向我机群攻击的敌机,自己却陷入重围,被

10架敌机围攻,炮弹如雨点一样向他泻来,飞机遭重创。为了掩护同伴,他驾着熊熊燃烧的飞机冲向敌机群,壮烈牺牲。年轻的英雄孙生禄,活在了永远的24岁。

二级战斗英雄韩德彩击落敌机5架。在1953年4月7日反击美机游猎战术、担任机场上空的警戒任务中,将美国空军第一流的空中英雄、"双料王牌飞行员"哈罗德·爱德华·费席尔击落。跳伞被俘的费席尔提出见一下击落他的对手。当放牛娃出身、年仅19岁的韩德彩出现在面前时,费席尔简直不敢相信自己的眼睛。44年之后的1997年10月18日,韩德彩与费席尔在上海天益宾馆第二次见面。离休后潜心于书法艺术的韩德彩将军,把自己写着"着眼未来"四个大字的条幅送给不打不相识的老朋友,并热情邀请离开军界后一直经商的费席尔到自己的故乡安徽凤阳投资。

1953年4月7日,空十五师四十三团飞行员韩德彩击落美空军"双料王牌驾驶员"哈罗德·爱德华·费席尔。韩德彩在抗美援朝作战中,击落敌机5架,荣获二级战斗英雄荣誉称号、立一等功

至朝鲜战争停战，志愿军空军共击落美军战机330架，击伤95架，212名飞行员击落击伤过敌机，涌现出一级战斗英雄6名、二级战斗英雄12名、特等功臣16名、一等功臣68名等一大批英模人物。

人民空军所取得的这些战绩，震撼了世界。美国空军参谋长范登堡惊呼：共产党中国在一夜之间已成为世界空军强国。这位美国将军一定没有听见中国人民的领袖毛泽东的呼声。1951年10月2日，毛泽东宴请参加国庆阅兵的三军将士，当空军代表向他敬酒时，他高举酒杯，大声说：空军万岁！

空军万岁，空战英雄万岁！浩瀚的蓝天以流云和红霞记下了他们永垂不朽的光荣。

古典的英雄常常被描述为神和人的孩子，称之为半神。而在以航空航天技术为驱动的立体文明中，与普通凡人一模一样的血肉之躯创造了天上的奇迹，也重新阐释了英雄这个称号所意味的内涵——勇敢；是一个人在天空中孤独地挑战死亡的大无畏牺牲精神；优秀，超越常人的心灵品质和科学知识指导下的个人智慧，精湛卓越的专业技能；荣耀，比起古代英雄们对于城邦的责任和忠诚之外，还意味着一种职业性竞技精神和甘于自我牺牲、自觉奉献的团队协作精神……

正是在天上，英雄的古老形象焕发出新的光彩，为人类文明史揭开了新的篇章，就像"王牌"这个词汇在今天的生活中更多地意味着一种典范、一种精神。

抗美援朝志愿军空军英雄

▲1953年5月30日凌晨，空四师十团副团长侯书军首创夜间击落敌机的纪录

▲空三师九团副大队长刘志田，在抗美援朝作战中，击落击伤敌机6架，立一等功

▲空三师九团三大队飞行员罗沧海，在抗美援朝作战中共击落敌机4架，立特等功

▶空三师九团一大队飞行员焦景文，在抗美援朝作战中，击落击伤敌机4架，荣获二级战斗英雄荣誉称号、立特等功。被誉为"英雄僚机"

▲空三师七团二大队大队长孙景华,在抗美援朝作战中击落击伤敌机5架,立一等功

▲空三师七团三大队飞行员范万章,在抗美援朝作战中,击落击伤敌机6架,荣获二级战斗英雄荣誉称号、立特等功

▲空十二师三十四团团长郑长华,在抗美援朝作战中,击落敌机2架,组织指挥有力,荣获二级战斗英雄荣誉称号、立一等功

◀空三师七团射击主任杨振玉,在抗美援朝作战中,击落击伤敌机4架,荣获二级战斗英雄荣誉称号、立特等功

▲空十五师四十五团二大队大队长吴胜凯,在抗美援朝作战中,击落击伤敌机5架,荣获二级战斗英雄荣誉称号,立一等功

▲空十五师四十五团一大队中队长蒋道平,在抗美援朝作战中,击落击伤敌机七架,荣获二级战斗英雄荣誉称号、立特等功

▲空十五师四十五团一大队中队长孙忠国,在被迫跳伞时,右腿骨折严重,经治疗锻炼,重上蓝天。在抗美援朝作战中,击落击伤敌机3架,立特等功

▲空四师十二团二大队中队长逯松亭,在抗美援朝作战中,击落击伤敌机4架,立特等功

▲空四师十团大队长耀先,在抗美援朝作战中,击落击伤敌机3架,荣获二级模范荣誉称号、立一等功

▲空四师十二团代理团长陈亮,在抗美援朝作战中,击落敌机2架,立特等功

▲空四师十二团二大队大队长华龙毅(站立者),在抗美援朝作战中,击落击伤敌机4架,立特等功

▲空四师十团代理团长邹炎,在抗美援朝作战中,击落击伤敌机6架,荣获二级战斗英雄荣誉称号、立一等功

◀空二师四团副大队长王天保在护航中,用拉-11型活塞式战斗机击落敌F-86型喷气式战斗机1架、击伤3架,这是空战史上的一个创举,荣获二级战斗英雄荣誉称号、立特等功

25岁以身殉国的人民空军英雄杜凤瑞就用自己的一腔碧血书写了蓝天誓言。

1958年10月10日,6架国民党飞机偷袭福建龙田上空,有着"铁杆僚机"之称的杜凤瑞与长机一起驾机参战。当一架敌机炮击长机时,他一边呼叫长机摆脱袭击,一边向敌机射击。长机脱险,杜凤瑞却陷入重围。他临危不惧,沉着应战,当击落一架敌机后,自己的飞机却被敌击中;他驾驶着受重伤的飞机,咬住对方一架飞机穷追不舍,从1.2万米高空追击到距地面3500米处,将其击落后才被迫跳伞。空降时,不幸被敌弹击中,壮烈牺牲。

杜凤瑞的英雄壮举深深地感动了全国人民。他的遗体被安葬在他牺牲的地区,福州的西湖之滨;空军党委号召全空军学习他的英雄事迹;他的故乡河南省方城县在县城

1958年10月10日,空军某师飞行员杜凤瑞在与国民党空军飞机空战中,击落敌机2架,后因飞机负伤,失去操纵而跳伞,降落中被敌机击中英勇牺牲

国家天空
GUOJIATIANKONG

杀害杜凤瑞的敌机被驻龙田地区的高炮五一二团四连击中坠海。图为该连阵地

被杜凤瑞击落的敌F-86型飞机残骸

1964年9月29日,空军授予航空兵某师四十大队一中队"杜凤瑞中队"荣誉称号。图为该师官兵在杜凤瑞铜像前举行宣誓仪式

东关建立了杜凤瑞纪念馆,并将县城的一条主街命名为"凤瑞路";国防部命名他生前所在的飞行大队为"杜凤瑞大队"。

四十多年后,踏着英雄的足迹,从"杜凤瑞大队"走出了又一位英雄——英雄航天员聂海胜。

与叱咤风云的空中英雄相比,脚踏实地的地面英雄只是默默奉献,很难为人所知。

1958年3月至12月,在美国中央情报局的直接策划下,美国飞行员驾驶U-2型飞机多次入侵中国内地侦察,拍摄重要军事照片。中国政府提出强烈抗议。美国将2架RB-57D高空侦察机交给台湾当局,由国民党空军飞行员驾驶,继续遂行对中国大陆的侦察。共和国的防空网被撕开了一个缺口。1958年10月,人民空军的第一支地空导弹部队在北京正式成立。原系高射炮团团长的岳振华受命担任导弹第2营营长。他率领全营指战员在十分艰苦的条件下开始了夜以继日的强化突击训练。不到半年时间,便基本掌握了驾驭导弹的指挥、操作和维修技术。

1959年10月7日,战斗的警报在阵地上响起。一架从台湾起飞的美制RB—57D侦察机从浙江沿海进入大陆,凭借其高度优势,越过歼击机的层层拦截,沿津浦铁路径直北上。11时15分,敌机距北京东南480公里时,岳振华指挥地空导弹第2营进入一等战斗准备。经过了1个多小时的跟踪,12时04分,岳振华果断下达发射口令:"放!"3

枚导弹腾空而起，一个橘黄色的火团出现在万米高空，敌机顷刻粉身碎骨。

这是惊天动地的一击，开创了世界防空史上第一次使用地空导弹击落飞机的先例。

此后，岳振华率领导弹2营转战南北，机动设伏。1962年9月9日，在江西南昌击落当时世界上最先进、令各国空军都无可奈何的U—2型高空战略侦察机。胜利的消息通过新华社的电波很快传遍了全球，一时成为全世界的头号新闻。

在这之后，根据敌变我变的原则，岳振华率领二营指战员灵活运用战术，采取反干扰措施，六进西北，五下江南，行程几十万里，风餐露宿，在不到两年的时间里，先后三次击落国民党军U-2型高空战略侦察机，取得国土防空作战的重大胜利，也创造了现代世界军事史上的奇迹。国防部授予岳振华"空军战斗英雄"、地空导弹第2营"英雄营"荣誉称号。

1964年7月23日，毛泽东、周恩来、朱德等老一辈无产阶级革命家亲切接见了二营全体官兵，这是毛泽东在建国后惟一接见过的一支整建制部队。当初，在首次击落U-2飞机时，毛主席听完关于岳振华的战斗经过汇报后，大手一挥说：打下一架就给他加一颗星。

于是，中国人民解放军就破天荒地产生了这样一位特殊的"大校营长"。

英雄的地空导弹部队

◀1959年10月7日,国民党空军RB-57D型高空侦察机1架窜入北京通县上空进行侦察活动,被空军地空导弹第二营击落。这是地空导弹部队首次击落敌机,开创了世界防空史上用地空导弹击落敌机的先例

▲1962年9月9日,国民党空军U-2型高空侦察机窜入江西南昌地区上空进行侦察,被空军地空导弹二营击落。这是空军地空导弹部队首次击落U-2型高空侦察机。9月15日,首都各界人民群众召开庆祝击落U-2型飞机大会

◀1962年9月至1967年9月,空军地空导弹部队共击落国民党空军U-2型高空侦察机5架,这是在北京军事博物馆展出的其中4架U-2型飞机残骸

▼1964年7月23日,毛泽东、周恩来、朱德等中央领导同志接见连续击落国民党空军U-2型高空侦察机的"英雄营"全体指战员

▲1963年11月1日，空军地空导弹二营在江西上饶地区上空第二次击落国民党空军U-2型高空侦察机。图为飞机坠毁现场

▲1963年12月26日，国防部授予地空导弹二营营长岳振华"空军战斗英雄"荣誉称号

▲1964年6月6日，国防部授予空军地空导弹某师第二营"英雄营"荣誉称号

▲1964年7月7日，空军地空导弹二营在福建漳州地区上空第三次击落国民党空军U-2型高空侦察机。这是中共福建省委、省人民政府和福州军区向二营授锦旗。左2为空军司令员刘亚楼、左4为福州军区副司令员皮定均

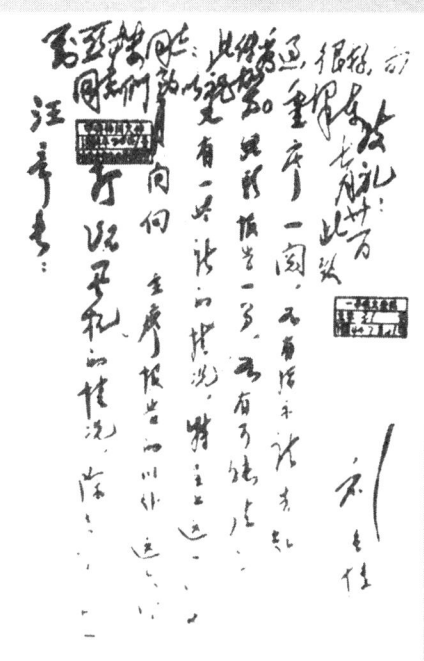

▲1964年7月21日，毛泽东主席在空军关于第三次击落U-2型飞机向中央军委的报告上批示："此件看过，很好，向同志们致以祝贺！"

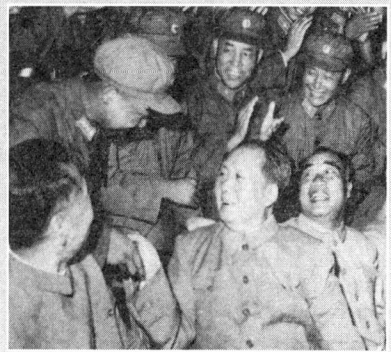

▲毛泽东主席在接见二营官兵时说："打得好，打得好！"

▲毛泽东、周恩来、朱德、彭真等中央领导同志与"英雄营"全体指战员合影

◀1965年1月10日21时15分，空军地空导弹某营在内蒙古包头地区上空击落国民党空军U-2型高空侦察机1架。这是地空导弹部队第四次击落U-2型飞机，也是首次夜间击落敌机。空军副司令员成钧（左2）在敌机残骸现场听取营长汪林（左5）汇报

▲1967年9月17日，空军地空导弹某营在广西东兴地区上空击落美国无人驾驶高空侦察机1架。这是地空导弹部队首次击落无人驾驶高空侦察机。图为祝捷大会会场

◀1967年9月8日，空军地空导弹某营首次使用国产地空导弹兵器在浙江海宁地区上空击落国民党空军U-2型高空侦察机1架。这是空军地空导弹部队击落的第五架U-2型飞机，图为上海各界人民群众庆祝空军击落U-2型飞机大会会场

▲1969年10月28日，空军地空导弹某营在广西武鸣地区上空击落美国无人驾驶高空侦察机1架。图为祝捷庆功大会会场

▲ 毛泽东主席接见地空导弹兵二营营长岳振华

▲ 首都各大报纸纷纷报道击落U-2飞机的胜利

▲ 福建省委第一书记叶飞（左6）和空军司令员刘亚楼（左3）、空军副司令员徐深吉（左1）、福州军区空军政委李世安（左4）等察看敌飞机残骸

▲ 空军司令员刘亚楼代表国防部向岳振华颁奖

国家天空
GUOJIATIANKONG

甘巴拉位于雅鲁藏布江与羊卓雍错间的拉轨岗日鞍部，是前藏与后藏的习惯分界线。位于浪卡子县与贡嘎县界上。曾称干巴拉、康巴拉、噶木巴拉岭、岗巴拉。甘巴拉，藏语意为"跟前山口"。拉亚公路经山口通过，是通往江孜、亚东的重要山口。空军甘巴拉雷达站1965年10月建站，是目前世界上海拔最高的人控雷达站

1994年6月28日，中央军委授予空军雷达兵某团甘巴拉雷达站"甘巴拉英雄雷达站"荣誉称号

驻守在海拔5374米高山上的甘巴拉雷达站是全世界最高人控雷达站，官兵们几十年如一日，"缺氧气不缺精神"，艰苦奋斗，忠于职守，及时发现并正确处置各类国内国际航班偏航等险情，安全引导中国军机和民航班机30万余架次，被中央军委授予"英雄雷达站"称号。

在人民空军覆盖全国的广阔军营里和六十年的风雨历程中，这样的英雄个人和集体承前继后，层出不穷。解放一江山岛战役中带领轰炸机群击沉敌舰"中权"号、击伤敌舰"太和"号的空军二级战斗英雄张伟良，驾驶伊尔-10强击机重创敌舰"衡山"号的空军二级战斗英雄刘健汉，忍着肝癌后期的剧痛参加中越边境自卫反击战、病故前19天还完成1200公里航程转场任务的"一心为革命的好飞行员"孙安定，以生命为代价同林彪反革命集

张伟良，1928年生，江苏宝山人。1940年6月参加新四军。1955年1月10日，在解放浙江沿海诸岛屿战斗中，率领空中编队，轰炸停泊在大陈岛港湾里的国民党军舰，炸沉"中权号"坦克登陆舰，炸伤"太和号"护航驱逐舰。三次率空中编队对一江山岛敌指挥所、炮兵阵地、雷达站等军事设施进行轰炸，1955年3月29日，被空军授予"二级战斗英雄"荣誉称号

1955年1月10日，空军出动各型飞机130余架次突袭大陈港，击沉、击伤国民党海军军舰5艘。某师飞行员刘建汉在轰炸敌"衡山"舰时，投弹4枚，3枚命中目标，重创该舰，荣获二级英雄荣誉称号。这是刘建汉（站立者）正在进入座舱，准备出击

陈修文，安徽太和人。1956年参军，1964年毕业于空军航空学校，后任中队长。1971年9月13日凌晨，当林彪反革命集团主要成员窃取大量国家机密文件妄图叛国外逃时，他被骗驾驶直升机起飞。途中识破了叛徒的阴谋，不顾个人安危，机智地用无线电台报告了地面，并将组合罗盘航向刻度倒拨180度，巧妙地调转机头返航。至怀柔县迫降时，与叛徒搏斗中弹牺牲。1978年10月23日，中央军委追授陈修文"忠诚战士"荣誉称号

孙安定，山西永济人。1960年毕业于空军航空学校。曾任飞行中队长、副大队长、团射击副主任。1979年在对越自卫还击作战中，不顾身患重病，共起飞69次，完成了空中巡逻、边境搜索目标和我军布防照相等任务。病故前十九天还驾机长途转场飞行1200多公时里，被誉为钢铁战士、硬骨头飞行员。1980年被中央军委授予"一心为革命的好飞行员"称号

李剑英，中国共产党优秀党员、中国人民解放军空军航空兵某部正团职飞行员，1964年5月出生于河南省郑州市金水区姚桥乡，1982年6月份入伍，历任飞行学员、飞行员、中队长、副团职领航主任、正团职领航主任、正团职飞行员等职。生前系空军上校军衔，一级飞行员。2006年11月14日，李剑英在驾驶飞机着陆时因鸟撞发动机停车，为保卫人民生命财产放弃跳伞迫降着陆时英勇牺牲。2006年12月26日，空军党委为李剑英追记一等功，追授"空军功勋飞行人员金质荣誉奖章"，被评为"2007感动中国年度人物"

团叛逃分子展开殊死搏斗、保护了党和国家核心机密的"忠诚战士"陈修文，在遭遇鸟撞导致发动机停车的生死关头、为保护群众生命安全毅然放弃跳伞、壮烈牺牲的李剑英……正是这些灿若群星的英雄，放射着永不熄灭的光芒，把国家天空装点得格外壮丽。

进入21世纪以后，空中力量的作战形态发生了巨大的变化。武装了当代最尖端技术的空军将以国家代表队的整体面貌出现在未来的战争中。5架、10架甚至50架战斗机在阳光下编队飞来或是潜伏在云层之下，交战双方在空中进行激烈的搏杀，这些在20世纪上半叶里司空见惯的空战场面在未来的世界战场上也许将难以再现。"王牌飞行员"也将越来越深地隐入历史。对飞行员知识素质、协同意识和团队精神的要求也许会部分地取代王牌时代的个人技艺和战术头脑，但是王牌精神却与世长存，溶进了每一位空军英雄的血液之中。

中国空军某试飞团是一个英雄辈出的专家型试飞团队。他们围绕现代航空技术和现代武器发展需求，向极限挑战，始终在新型装备和航空研究的前沿冲击，出色地完成了我国一代代新型战机的科研试飞任务，先后涌现出滑俊、王昂、黄炳新等老一代"试飞英雄"。进入新世纪以后，新一代"英雄试飞员"李中华再写挑战极限、对阵死神的新传奇。

2005年5月20日，李中华和战友试飞"诱发振荡"课目，飞机正常地完成两个状态的试飞后，以高度不足500米、时速270公里准备着陆。突然机载系统报警，电传系统停止工作，坐在前舱的飞行员此时已无法控制飞机，后舱的李中华迅速接管过来进行操纵。在飞机急速

滑俊（右），科研试飞英雄。陕西长安人。1949年参加中国人民解放军。同年加入中国共产党。1951年毕业于空军航空学校。历任空军飞行员、副中队长、大队长、试飞团副团长。参加新型航空技术装备科研试飞的二十年中，在几种歼击机上试飞了实用升限、最大M数和新型火炮、导弹试射等项目，共试飞335架次。遇有飞机受损、空中停车、刹车失灵等险情时，都能沉着处置，化险为夷。为发展我国航空事业获得大量的科研数据。先后立功四次。被誉为"科研试飞的排头兵"。1980年被中央军委授予"科研试飞英雄"称号

王昂（左），1935年生于上海市，1958年从北京航空学院飞机制造专业毕业，经过严格选拔，成为我国第一批大学生飞行员。1966正式成为一名试飞员。在10多年的试飞生涯中，他先后征服了国产歼-6和歼-8两代歼击机的"俯仰摆动"和"发动机失火"问题。曾先后荣立二等功一次，三等功四次。1980年1月3日被中央军委授予"科研试飞英雄"荣誉称号，获"一级英模勋章"

"英雄试飞员"李中华

扑向地面的惊险时刻,李中华用7秒钟完成了拉杆、蹬舵、切断电传操纵系统、关闭变稳系统等一系列动作,在距地面200多米的高度,使倒扣下坠的飞机从"休克"中恢复生机,翻转过来,挽救了自己和战友的生命,挽救了极其宝贵的试验数据,挽救了中国唯一的一架"国宝级"特种飞机。2006年3月25日,胡锦涛主席亲切接见了李中华,称赞他"不愧是思想、技术双过硬的新型高素质试飞员,不愧是我军飞行员的优秀代表。"

李中华式的故事还在继续上演着。2009年3月7日下午,航空兵某团副团长、特级飞行员李峰驾驶歼-10战机执行战术机动任务,在距机场54公里、离地1170米高度时发动机停车失去动力。他临危不惧,在地面指挥员引领下,使失去动力的飞机在空中飞行1分44秒后安全迫降机场,成为成功处置国产

李峰

胡锦涛主席接见李中华

单发新型战机空中发动机停车故障、安全返航第一人。李峰荣立一等功,被授予"空军功勋飞行人员金质荣誉奖章"。

航空是人类智慧的结晶,更是人类精神的凝聚。它以广阔无垠的天空作为一种新质文明的殿堂,向人类传播和倡导着自由精神、科学精神、挑战精神、勇敢精神和民族精神。高擎着精神的火炬,空军各路英雄用坚定的信念、不懈的追求,用鲜血和生命,谱写了并继续谱写着一曲曲撼人心魄的时代凯歌。

第三章 锋刃

莱特兄弟的飞机

飞机的翅膀托举着人类跃出地平线，天空从此多了一个飞翔在云端的钢铁种群。

在人类古老而庞大的武器家族中，航空武器装备是年轻的幼子，却迅速成长为壮硕的巨人。

从莱特兄弟的"飞行者一号"升空，到F-22问世，不过百余年时间，航空武器装备发生了天翻地覆的变化。

一战中的飞机都是木质结构，多为双翼机，也有部分三翼机，动力装置都是活塞式发动机,通过机首的螺旋桨为飞机提供推力。

最初参战的飞机上都没有固定武器,敌对双方的攻击方式五花八门,毫无作战效率可言。拥有"航向机枪",即与飞机纵轴平行、让子弹穿过螺旋桨空隙射向敌机的机枪,成为所有飞行员的梦想。

第一挺"航向机枪"在1915年春天问世。4月1日,法国人加罗斯用螺旋桨上加装了偏导钢片的飞机将德军的一架"信天翁"击落。此后两周内加罗斯又连续击落了4架敌机,加罗斯也因此成为世界上第一位王牌飞行员。

法国人的好运气止于4月18日:当加罗斯驾机在德军阵地上空搜寻对手时发动机停车,飞机被迫降落在德军后方,加罗斯和他的战机一起成了德军俘虏。

BE.9是1915年由BE.2型轰炸机改装而来的,在飞机的机鼻上,螺旋桨的前方安装了一挺机枪。机枪手必须紧抓住他的Lewis机枪不放,以防止被卷入旋转的螺旋桨中

安东尼·福克，1890年4月6日出生在印度尼西亚的一个咖啡种植主家庭，在荷兰和德国接受教育，年轻时对航空感兴趣。1911年在德国进入飞行学校，得到驾驶员执照。1912年福克驾驶着自己制造的小飞机从德国飞到荷兰向荷兰女皇的生日致敬，他的父亲老福克高兴之下投资大笔资金协助他成立"福克飞机制造厂"。由于荷兰在一次大战时是中立国，德国政府于是要求福克入籍德国，福克不同意；德国政府继而要求他驾驶飞机打掉敌机，福克也不同意，于是被限制出境。一次大战中他为德国造了3350架战斗机，还发展出被英国人称为"飞行剃刀"的D-7和D-8两款火力强大的战斗机。1918年德国投降后，福克的飞机制造工厂被迫解散，福克率领数百架飞机载着引擎连夜偷渡回荷兰，1919年7月在荷兰阿姆斯特丹正式成立福克飞机公司，根据战争中制造飞机的经验开始制造商用飞机。1922年移居美国，建立大西洋飞机公司美国分公司，1939年12月23日因患脑膜炎去世

一架飞机的"被俘"，改变了空中战场的态势。航空设计师安东尼·福克受加罗斯启发，灵光闪现，发明了"机枪协调器"，该装置可使机枪子弹全部通过螺旋桨旋转平面，射向敌机。加装了"协调器"的"福克E1"飞机战斗效能倍增，成为世界上第一种专门用于空战的飞机——真正意义上的战斗机诞生了。

随后德国又推出了装有两挺航向机枪的"福克DR1"三翼机，升空后横扫协约国的飞机，制造了一战中著名的"福克式灾难"。

"福克式灾难"的结束，和协约国丧失优势的原因如出一辙：协约国也"俘获"了一架"福克DR1"，并据此仿制出了自己的战斗机，特别是英国的"骆驼"式战斗机的参战，空中战场的局面才发生了改观。

"骆驼"不是沙漠之舟,而是凶悍的英吉利鹰隼。

"福克DR1"和"骆驼"是一战时期最有代表性的两种战斗机。"福克DR1"的最大平飞速度为185公里/小时,在当时近乎一个奇迹。它的冤家"骆驼"同样装有两挺"航向机枪",速度和高度均大于"福克DR1",更能代表战斗机高速化的发展趋势。

"福克DR1"三翼机

一战开始时,飞机时速一般在110-130公里左右,爬升1000米需要7分钟;到1918年11月战争结束,战斗机时速达到近200公里,7分钟可爬升3000米,飞机升限达到7000米。

英国的"骆驼"式战斗机

速度、高度、航程,是衡量飞机性能水平的重要指标;更快、更高、更远,是航空设计师们的全力追求。

和一战相比，二战中的飞机发生了巨变，显著特征是全部变成了单翼机，机身均为流线型设计。这样的设计减小了空气阻力，飞行速度达到每小时700公里，比一战中的飞机速度提高了3倍以上。通信设备和地面引导雷达相继投入使用，作战效能大幅提高。

"德意志游隼"ME-109战斗机

被称为"德意志游隼"的ME-109是世界上第一种全金属结构的战斗机，以速度快、火力强成为"闪击战"的空中尖兵，迅速撕开了波兰的天空。整个二战期间，德国空军的总战果中，一半以上是ME-109创下的。

苏联的"拉"系列、米格-3，英国的"蚊"式、"喷火"，日本的"零战"等均在二战中成为一代名机。美国的P-38"闪电"成功击落了山本五十六的座机，成为日本航空兵的噩梦。

二战名机

▲ 苏联拉5

▲ 苏联拉7

▼ 米格-3

第三章 锋刃

▲ 英国二战著名的木制战斗轰炸机"蚊"

▲ 英国皇家空军"喷火"战斗机

▶ 美国P-38H-5-LO战斗机

◀ 日本"零式"A5M型战斗机

战争是一台推力巨大的航空发动机，在战争的推动下，航空技术飞速疾进。

1944年6月12日深夜，秘密发明了现代火箭技术的德国人把绰号"复仇者1号"的V-1导弹射向英国首都，伦敦在巨响和火光中陷入黑色恐怖。9月18日傍晚，威力更大的V-2导弹"复仇者2号"向伦敦飞去。

在此后不到一年的时间里，德军共向英国发射了1120枚导弹，摧毁民宅2万多间，破坏房屋58万间，造成2万多人伤亡。

盟军最高统帅艾森豪威尔感叹："如果德国人的火箭提前6个月参战，解放欧洲大陆将会异常艰难，甚至无法成功。"

V-1是世界上最早的巡航导弹，V-2则是弹道导弹的鼻祖。导

地下坑道中组装好的V-1导弹

V1导弹内部结构简图

第三章 锋刃

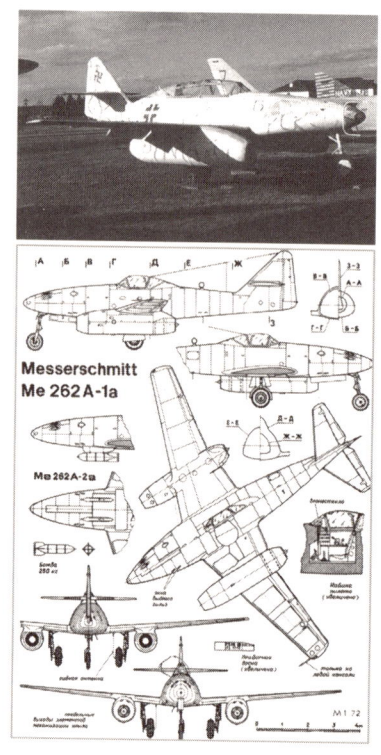

ME-262喷气式及线图

弹的问世,后来繁衍出又一个庞大、卓越的"飞翔家庭",为远程攻击开辟了新路,也使后来的军用机拥有了更长、更尖利的牙齿。

现代火箭的问世,也为后来航天器进入太空并在军事领域应用,把战争的阵地托向更高处埋下了伏笔。

世界航空技术的发展,一直紧跟着战争的步伐。

1944年7月25日,一架没有螺旋桨的德军"怪机"在慕尼黑上空9000米的高度,将当时速度最快的一架英军"蚊"式飞机追得狼狈不堪,最终躲进云层才幸免于难。从此后的第二天起,"蚊"式等其他飞机相继在德军"怪机"的枪口下坠落。

这架"怪机"名为ME-262,动力装置是喷气式发动机,推力远远大于活塞式发动机,其最大飞行速度达到每小时869公里,升限达11450米,机上装有4门30毫米航空机炮,战斗中表现出超群的攻击力。

ME-262的第一声呼啸,响彻战云密布的欧洲天空,也将战斗机带进了喷气式时代的黎明。

然而,飞行速度的攀升,远非一路快意高歌。

喷气式飞机诞生以后,当飞行速度达到音速时,会出现像一堵墙一样的"激波"挡住飞机,使飞机产生强烈的抖动,处置不当就会机毁人亡,这就是人们所说的"音障"。上个世纪40年代,突破"音障"成为发展飞行事业面临的最新挑战。

首次向突破音障发起冲锋的,是英国的著名飞机设计师德·哈维

德·哈维兰是"彗星"号喷气式客机的设计者。1912年,他设计的BE-2双翼机创造了飞行高度为3960米的记录。1920年,这位设计师创建了德·哈维兰飞机制造有限公司,有过许多卓有成效的建树。第二次世界大战期间,广泛用于军事,执行侦察、空战和轰炸任务的"蚊式"军用飞机,也是他设计制造的。1944年,他被授予爵士,以表彰他在航空事业中作出的许多重要贡献。"彗星"号大型喷气客机是他在40年代末、50年代初研制成功的产品。1962年,英国政府授予德·哈维兰功勋章

兰父子。1946年11月19日，在天空活跃了三十年的小德·哈维兰，踌躇满志地跨入一架漂亮的流线型无尾后掠翼喷气式飞机。一切准备就绪，飞机顺利起飞。地面的测速计报出了他的飞行速度：六百——七百——八百——九百……

突然，一声天崩地裂似的巨响，崭新的喷气式飞机爆成了无数碎片，像一阵暴雨似地从天而降。勇敢的小德·哈维兰一缕鹰魂，散入九霄，成为探索音障的第一位牺牲者。

C·E·耶格尔在第二次世界大战中战功赫赫，是曾击落11架敌机的双料王牌，他还是世界上第一位将声音甩在身后的人

死亡没能吓退探索者的脚步，人类为欲望的飞升付出了沉重的代价。许多优秀的飞行员在挑战音障中相继献出宝贵的生命。

1947年10月4日，美国飞行员耶格尔在12800米高空，以1078公里／小时的速度，成功地突破"音障"，完成了在航空史上有着里程碑意义的第一次超音速飞行。以后他又试飞了40多次,把飞行速度提高到音速的1.5倍。

从朝鲜战争起,喷气式战斗机开始在天空征战、搏杀。此后,战斗机以每10年左右更换一代新机的速度迅猛发展。

第一代超音速喷气式战斗机诞生于上世纪50年代,以前苏联的米格-19和美国的F-100为代表机型。这一代战斗机的最大飞行马赫数为1.3左右,机翼为后掠翼,动力装置为带加力燃烧室的涡轮喷气发动机。武器为航炮、空空火箭和第一代空空导弹,瞄准设备为光学-机电瞄准具、第一代机载雷达,即雷达辅助瞄准系统。

上世纪60年代,第二代喷气式战斗机开始装备部队,代表机型有美国的F-104、F-4"鬼怪",前苏联的米格-21、米格-23,以及法国

米格-19

F-100

第二代喷气式战斗机

◀F-104　　▲米格-21

▼F-4"鬼怪"

▲米格-23

▼幻影-III

的"幻影-Ⅲ"等。二代机的机翼多采用小展弦比薄翼型、三角翼或变后掠翼，发动机推力增大；机载雷达为第二代雷达，由第一代雷达的电子管改为晶体管，重量减轻，可靠性明显提高；武器为航炮和第二代空空导弹。

第三代喷气式战斗机于上世纪70年代中期开始服役。这一代战斗机突出了中、低空格斗性能，具有全天候空-空、空-地作战能力。代表机型有美国的重型战斗机F-15、轻型战斗机F-16，前苏联的重型战斗机苏-27、法国的幻影-2000等。三代机的飞行马赫数一般在1.8-2.5之间，设计上多采用边条翼、近距耦合前翼等先进的气动布局，操纵方面采用了电传操纵系统和主动控制技术，动力装置为节能高效的大推重比涡轮风扇发动机。高新技术的大量应用使三代机实现了超视距攻击，导弹可"发射后不管"。

超常的机动性使三代机飞行仿佛进入了艺术层面。苏-27在尾旋临界状态，飞出了极具美感又惊心动魄的"眼镜蛇"机动，亦称普加乔夫机动。

天空的钢铁种群飞快地"进化"，并不断"繁衍"、派生出一些各怀绝技的"家族成员"。

被称为"恐怖大鸟"的轰炸机在一战中就问世了，但真正异军突起却是在二战时期。德国的JU-87、JU-88俯冲轰炸机配合闪击战，在欧洲大地上制造了"斯图卡恐怖"。

第三代喷气式战斗机

▲ F-15E

F-16及其三视图

苏-27及其三视图

幻影-2000及其三视图

"超级空中堡垒" B-29

苏联的图-2前线轰炸机，把轰响的雷霆投向德军阵地。

美国"超级空中堡垒"B-29完成了一系列远程轰炸任务，直到把灾难性武器原子弹投向广岛和长崎。

在越南北方创造了地毯式轰炸的B-52，因为现代高技术的支持而青春不老，时至今日，几乎所有和美国有关的局部战争中，都有它庞大的身影。

B-52轰炸机及其三视图

上世纪80年代，里根出任美国总统后说过一句话：我不仅知道B-1是一种轰炸机，而且知道B-1是人体不可缺少的维生素。我想，我们的军队也需要这种不可缺少的东西。

不久后，最大起飞重量达216.37吨、可携带多种进攻武器的战略轰炸机B-1B开始在美国空军服役。

继B-1B之后，上世纪80年代美国又相继研制出形体诡异的B-2战略轰炸机和F-117"夜鹰"战斗轰炸机。

B-2和F-117"夜鹰"都是一身黑色涂装，均采用了先进的隐形设计技术，既可影子般突进并通过敌方防空雷达网，给对方致命打击，也可在敌方火力圈外发射精确制导武器。B-2可携带16枚核弹，有报道称其可一次摧毁一个国家。

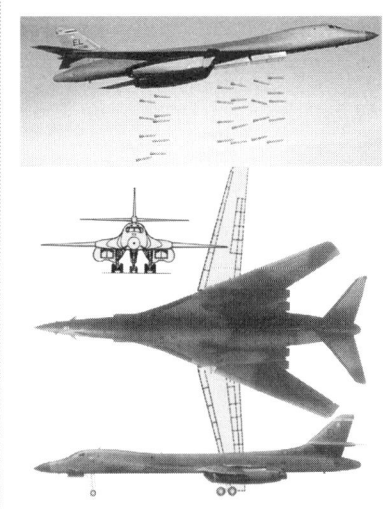

B-1B战略轰炸机及其三视图

F-117完成过无数次"几乎不可能完成的任务",在完全一边倒的科索沃战争中,它的不败金身被首次打破,不排除具有某些偶然因素。

黑色幽灵般的B-2和F-117"夜鹰",共同蕴含着一种最新理念:"隐形"是航空兵器发展的大趋势。

F-117"夜鹰"战斗轰炸机

最优秀的侦察兵也比不上这些"飞翔间谍"视野辽阔,它们可从2万米以上的高空,将敌方大地上的一切"看"得清清楚楚。

空中侦察是飞机最早进入战争时肩负的使命。但是,直到上世纪50年代美国的U-2服役,才以它们的卓越战绩引起人们的高度关注。

一袭黑装的"高空间谍"U-2曾在多个国家2万米以上的高空自由出入,刺探情报,直到1960年5月1日,它的好日子才告结束。一架入侵前苏联领空的U-2被C-75防空导弹击落，其后不久，U-2又相继殒命于中国空军的防空炮火。

U-2屡屡"献身"，SR-71"黑鸟"飞上天天。"黑鸟"的速度达到了3倍以上音速，升限达到了战斗机甚至防空导弹无法企及的高度。快如闪电的美国"黑鸟"，至今仍保持了未被击落的纪录。

而U-2则和B-52战略轰炸机一样，从现代高科技中获得回春之术，重回云端，"偷窥"它的国家所需要的一切。

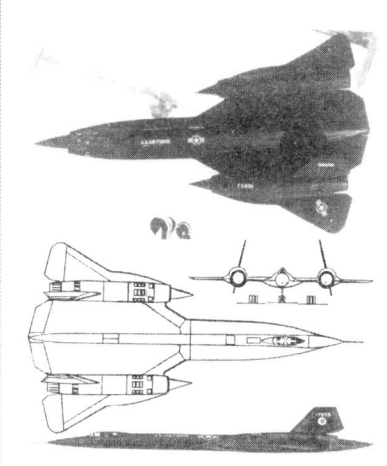

"黑鸟"SR-71空中侦察机及其三视图

作为"吞吐量"惊人的大肚客，军用运输机肩负远程投送的重要使命，成为各国战略空军必备的基础装备。

1968年8月20日夜，一架前苏联"民航飞机"在捷克首都布拉格机场上空，以"飞机发生故障"为由

请求紧急降落。飞机落地后苏军突击队冲出机舱，立即控制了机场。次日凌晨，一批批空降兵及坦克、装甲车等重武器由AN-12运抵布拉格……苏军用48小时完成了对捷克的占领。

"哺乳机"——空中加油机的诞生，帮助军用飞机实现了"久"（留空时间长）和"远"（航程远）的需要。1986年4月2日，美国空军的F-111战斗轰炸机群长途奔袭7小时，成功空袭利比亚。正是空中加油机的支持，使这次著名的"黄金峡谷"行动写下空战史上的一段精彩篇章。

飞翔的钢铁家族中，"新面孔"层出不穷，越南战场上出现的预警机和电子战飞机，令世人耳目一新。

预警机如同一个空中作战指挥部，以地面雷达无法实现的搜索范

空中加油机

围和精度，及时准确地为己方战斗机提供攻防信息和指令，可同时支持、指挥数十架作战飞机。

电子战飞机可对敌方雷达系统构成有效干扰、破坏，甚至摧毁，为己方作战飞机创造"单方透明"的"不对称作战"条件。

无人机是飞机家族中最富有"献身精神"的成员。

1927年诞生在英国皇家飞行研究所的无人机，它的"后裔"在现代战争中，除广泛参与军事侦察活动外，还可完成电子干扰、电磁攻击，甚至直接攻击敌军目标等任务。

1982年发生的贝卡谷地之战中，最先扑向叙利亚防空导弹基地的"勇士"，并非以色列的战斗机和轰炸机，而是"侦察员"、"猛犬"等无人机，它们以"诱饵"身

预警机及其三视图

电子战飞机

份，诱使叙利亚防空雷达开机、导弹发射，在自己"牺牲"前将获取的电子情报数据迅速传送给己方预警机、战斗机。

战斗结束后，以军用"火蜂"无人机对战场进行了拍照，以作战损评估之用。从无人机开始，以无人机结束，以色列人用无人机把一场规模有限的现代战争演绎到了近乎完美的境地。

美军"全球鹰"无人攻击机

美军的"全球鹰"，以及以"捕食者"等为代表的无人攻击机，没有呼吸的身体里蕴藏着巨大的战斗潜力。

美军"捕食者"无人攻击机

航空装备技术发展的不平衡性，拉大了对手之间的差距。1982年6月发生的以色列入侵黎巴嫩战争中，以色列空军装备的三代机F-15、F-16对叙利亚空军的米格-21、米格-23等二代机形成肆意屠杀之势。叙利亚飞行员还没看到对手的影子时,已经在劫难逃。

考察空军诞生以来的战争史,一个现象耐人寻味:一支装备技术落后的陆军与一支装备技术先进的陆军对抗,后者未必能占太大的便宜;而一支装备技术落后的空军与一支装备技术先进的空军对抗,后者的优势十分明显,前者甚至难有还手之力。

这是因为,在人类开辟的各种战场中,空中作战受自然地理环境的制约相对最小,空中对抗的结果更主要取决于纯粹的力量对比。如果说,地面作战尚可在一定程度上被自然地理因素诸如地形地物所辅助的话,那么在空中战场,"从来就没有什么救世主"!要维护国家的空天安全,空军的装备技术水平必须至少达到与主要对手均等或相近的标准。

除此之外别无选择——事实就是如此严酷。

尽管莱特兄弟发明动力飞机6年之后,1909年,中国人冯如就驾驶着自己制造的飞机飞上了蓝天,但中国航空工业的真正起步,已是40年之后的事情了。

起步较晚,但起点不低,中国航空工业有过跨越的自豪,也经历过滞后的痛楚。

跨过活塞式螺旋桨飞机,1958年,中国仿制的第一架喷气式战斗机出厂。1963年,以米格-19为仿制对象,中国首架超音速战斗机

"歼-6"升空,1964年开始装备部队。歼-6战斗机无论速度、升限,还是中低空机动性,都和当时的西方战斗机相差无几。其出口型在国外共击落过包括苏-7等在内的20架各型战斗机,自身仅损失2架。中国空军的歼-6在国土防空作战中,击落过F-4重型战斗机、F-104、无人机等11架各型敌机,自身无一损失。

中国首款超音速战斗机"歼-6"

直到上世纪70年代初,歼-6仍可称为成功的战斗机。在长达40多年的服役期内,中国空军的歼-6立下过赫赫战功,也因此在一定程度上埋下了隐忧。

与仿制米格的歼-6比翼齐飞的,还有我国自己开发研制的超音速强击机——强-5。已故的中国工程院院士陆孝彭,毕业于南京中央大学航空工程系，先后在美英著名飞机设计公司工作，1949年回国，1958年受命担任强-5总设计师。强-5上马不久，就赶上"三年自然灾害"，陆孝彭与同事们饿着肚子，挑灯夜战，赶绘图纸。为了强-5早日问世，陆孝彭提着铆枪上型架，拉着板车搬零件，把妻子当嫁妆的被子拿过来当蒙布做破坏试验。由于忙得不可开交，他甚至耽误了二女儿的抢救，留下了永远的心痛。但作为"强-5之父"，他把新中国第一架超音速喷气式强击机送上了蓝天，填补了国家的空白。

1965年6月4日强-5首飞成功，装备部队后又多次进行改进完善、更新换代，低空、超低空性能、操纵性、稳定性达到世界同类机先进水平。

自上世纪70年代中期开始，世界航空技术发生了质的跃升。仿佛

强-5超音速强击机

陆孝彭，1920年8月19日出生于江苏常州。1935-1937年，他考入江苏省立高中学习。毕业后报考了全国创先设有航空工程系的南京中央大学。曾任国民党政府军第一飞机制造厂制图员、第二飞机制造厂设计员。后赴美国、英国实习。1949年回国。历任沈阳飞机制造厂设计师，南昌飞机制造厂设计所副所长、副厂长、飞机总设计师，南昌航空大学第一任校长，江西省科协副主席，江西省第四至六届政协副主席。是第四至七届全国人大代表。因设计"强五"飞机及其改型，1985年获国家科技进步奖特等奖，并载入英国《简氏航空年鉴》。1986年被国防科工委授予总设计师荣誉状，1995年被选为中国工程院院士。2000年10月16日在北京逝世，享年81岁

一觉醒来,携带精确制导武器的西方三代机,锋利的翅膀已牢牢地控制了天空。

而中国空军的主战飞机,依然是歼-6、强-5……从一段沉陷泥泞的历史中拔出脚步的中国,艰难而顽强地破冰前行。这期间中国研制的主要机种有歼-7Ⅲ、歼-8Ⅱ和歼轰-7等。歼-7Ⅲ是一种超音速、全天候歼击机,不仅能截击敌轰炸机、歼击轰炸机和侦察机,还兼有一定的对地攻击能力。歼-8Ⅱ在原型机的基础上对雷达、火控和发动机系统作了较大改进,战术技术性能有了显著提高,具备全天候、全方位中距离拦击和近距离格斗的作战能力。歼轰-7又称"飞豹",是一种新研制的双座双发战斗轰炸机,主要担负对地对海攻击任务并具有一定的自卫能力。研制过程中历尽艰难险阻,定型试飞低空大表

歼-7Ⅲ

歼-8Ⅱ

速时，发生了方向舵飞掉的特大险情，"试飞英雄"黄炳新临危不惧，凭着过人的胆识和精湛的技术，硬是把没有方向舵的飞机安全地飞了回来，创造了航空史上的奇迹。

但总的来说，当时中国研制的这几种战斗机，和西方战斗机不属同一量级。有人提出一个假设：倘若上世纪70年代中期至90年代期间，中国遭遇大规模空战，空军的翅膀能否托起国家的天空？

这个"假设"令人不寒而栗。

战争不讲道理，只讲胜负。

1999年的科索沃战争，不仅以人类史上第一场仅由空中力量便达成战争目的的战争模式震撼世界，也以作战双方严重不对称的态势造成完全一边倒的结局令人深思。

歼轰-7

1988年4月27日，中央军委授予空军试飞团团长黄炳新"试飞英雄"荣誉称号

为了打好地面战争,南联盟做了最充分的准备。民众也表现出极强的凝聚力,他们聚集在贝尔格莱德广场连续举行大型战地音乐会,用血肉之躯组成人体盾牌保卫大桥。

但是,战争没有在地面进行。北约的战术非常干脆:空袭空袭再空袭。

南联盟空军司令甚至亲自驾机上天,希望能够与对手面对面一决雌雄。可是,对手没有给他以机会。他的雷达被干扰,通信被切断,看不到对手在那里。刚一上天,他就被荷兰一架战斗机牢牢锁住。几分钟之内,南联盟空军司令壮志未酬血染长空,他率领的其他5架米格机也全部被对手击落。

一位塞尔维亚老人手持步枪,站在大街上仰天嘶喊:"上帝啊,你要是可怜塞尔维亚人,就让北约从天上下来,让我们在地面上打一仗,是胜是负快点结束吧!"

北约始终没有从天上下来。他们不分昼夜地轰炸了78天,直到南联盟彻底屈服。

塞尔维亚人没被死亡吓倒却被无奈逼疯的悲剧,无情地昭示了新时代的"丛林法则"——谁掌握了天空,谁就掌握了自己和他人的命运!

正视航空武器装备与西方的差距，中国航空工业和人民空军奋起直追。

2006年12月29日，中央电视台《新闻联播》节目播出一条33秒钟的消息："具有我国自主知识产权的第三代战斗机歼-10，已经正式装备部队，整建制形成作战能力。"一条半分钟的消息，引来举国关心，全球瞩目。

歼-10的成功，是中国航空史上一座醒目的里程碑，实现了中国战机从第二代向第三代的跨越，人民空军的战斗力得到极大的增强。

歼-10

这个成功是何等的来之不易！在现代喷气式战斗机发展史上，二代机向三代机的演变，由于电传操纵系统和综合航电系统等高科技的运用，产生了一次质的飞跃。用业内行话讲，一二代机为硬飞机，三代机为软飞机，二者如同天壤之别。当上个世纪八十年代中期歼-10研制开始起步的时候，国内的航空专家远眺世界航空科技前沿，发出"望尘莫及"的感慨；由空军优中选优汇聚精英组成的试飞员团队，第一次上课时如闻天书目瞪口呆，发出"这种飞机怎么飞"的惊叹。在这样的基础上，能把一架真正意义上的第三代战机设计和制造出来，不能不说是一个奇迹。其间的艰难曲折，一言难尽。

1998年春天，歼-10首飞成功。当飞行员雷强从舷梯上走下，机场上出现了令人震撼的场景——男女老少，跳跃呼喊，相拥相抱，失声

某试飞大队大队长雷强

痛哭……

中国航空工业哭了。

中国空军哭了。

中国哭了。

歼-10总设计师、中国工程院院士宋文骢把那一天作为自己的生日。当他亲自把首批先进战机送到部队的时候,他说:"从画出第一张草图,到今天送到部队,我们的歼-10十八岁了,长大了,参军了,保卫国家的天空了……"

制造加引进,中国空军装备的第三代战机和新式空防武器已逐渐成为作战主力。

中国空军有了自己的加油机、预警机、电子战飞机;防空部队装备了新一代地空导弹、相控阵雷达;机载弹药实现制导化,逐步具备远程精确打击手段……

宋文骢,飞机总体设计专家,歼10飞机总设计师。出生于云南省昆明市,原籍云南省大理。1960年毕业于哈尔滨军事工程学院。现任中国航空工业集团成都飞机设计研究所首席专家、型号总设计师、自然科学研究员。宋文骢是我国飞机设计战术技术论证、气动布局专业组的创始人之一,在先进气动布局、航空电子综合技术、数字式飞行控制系统、计算机辅助设计和制造技术等方面均有重大突破,取得了多项创造性成果,研制成拥有自主知识产权的第三代战斗机的设计技术。荣获国家科技技术进步特等奖、航空航天工业部科技进步一等奖、重点型号设计定型一等功、重点型号首飞特等功。2003年当选为中国工程院院士

第三章 锋刃

2007年我空军参加演习的歼击轰炸机

2007年，中国空军走出国门，远程投送，参加在俄罗斯车里雅宾斯克举行的上海合作组织成员国武装力量联合反恐军事演习。中国自主研发的歼轰-7呼啸而来，俯冲轰炸，准确命中目标，博得在场观看的各国元首一片喝彩。

2007年2月，国家批准大型飞机重大科技专项正式立项。这意味着中国空军的战略投送能力将得到极大增强，预警机、电子战飞机等将获得拥有自主知识产权的崭新平台。

中国航空工业和空军将士紧盯着世界军事科技前沿，咬紧牙关，奋力追赶。

世界空军强国武器装备的更新换代步伐丝毫没有减速。

新世纪的开端，美国空军第四代战斗机F-22"猛禽"装备部队。

代表当代最新战斗机水平的"猛禽"采取了全隐形设计,实现了超音速巡航,机上装有最先进的雷达系统和进攻武器。"猛禽"的搭当、联合战斗攻击机F-35"闪电"也将在不远的将来参军入伍,该机以"闪电"命名,是为纪念二战中功勋卓著的P-38"闪电"。

此外,以B-2隐形轰炸机为发射平台的隐形巡航导弹,研制工作已取得关键性突破。

俄罗斯、日本等国的全隐形战斗机也正在加紧研制。

F-22"猛禽"及其三视图

军用机、甚至所有航空器的全隐形时代已经来临。

军事强国设想中可自由出入内、外层空间的"空天飞机"、"航天母舰"等空天一体化武器已经走出设想,进入研发甚至试验阶段。

F-35 "闪电" 联合战斗攻击机

B-2隐形轰炸机

风暴阴影隐形空地巡航导弹

美国宇航局X-43A高超音速无人机

"高超音速"无人机试验已接近尾声,军事分析家认为,这种"高超音速"航空器的飞行速度可能达到10倍以上音速,极有可能成为新一代轰炸机。倘若这一预期实现,将意味着这种轰炸机可在两个小时之内,对世界上任何一个目标实施打击。

下一场战争会出现在哪个国家的天空,人们不得而知。但可以肯定的是,没有强悍的钢铁鹰群保卫国家的天空,国土将如同被揭掉屋顶的房舍,抱紧脑袋也无法免除灭顶之灾。

这是历史告诉人类的箴言。

第四章 惊雷

国家天空
GUOJIATIANKONG

阿努谢赫·安萨里

阿努谢赫·安萨里与俄罗斯联盟号载人飞船

2006年9月18日12时9分，伊朗裔美国女企业家阿努谢赫·安萨里乘坐俄罗斯联盟号载人飞船飞上了太空。这位全球第一个女性太空游客在太空发回的博客里说，透过泪光她看到，"在太阳的温暖光芒中，地球优雅地缓缓旋转，如此平静，没有战争、没有国境、没有烦恼，只有纯粹的美丽。"

每一位有幸到太空遨游的人，当他透过明澈的湖蓝领略到地球那童话般的美，心中都会涌起宁静而温馨的感动。2003年，中国航天员杨利伟在太空飞行时,也用饱含诗情的语言说:"我看到咱们美丽的家了!"

1957年10月4日,人类第一次挣脱地球的强大引力,向宇宙太空迈出了第一步。

迄今,世界各国已成功发射了4500多个航天器,其中2150多个在轨道上运行,有1500多个在工作。

这些航天器包括照相侦察卫星、电子侦察卫星、预警卫星、海洋监视卫星、气象卫星、测地卫星、通信卫星、导航卫星和校准卫星,宇宙飞船、空间站和航天飞机。

太空正在失去它固有的静谧与平静。

太空是天空的自然延伸。将"天"与"空"区别开来是20世纪中叶的事。

着陆后的杨利伟自主出舱

正在太空中飞行的杨利伟

人类走向太空

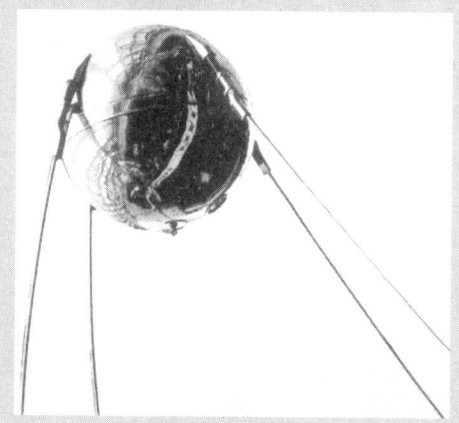

1957年10月4日，人类向太空迈出了第一步

1961年4月12日，苏联宇航员尤里·加加林乘坐东方1号飞船，在离地球181千米的轨道上，绕地球飞行一圈，开创了载人航天的新纪元

1969年7月20日，阿姆斯特朗和艾尔德林乘坐"阿波罗11号"登上月球，实现了人类历史上伟大的一步

1970年4月24日，中国第一颗人造地球卫星从酒泉卫星发射中心升空，在太空昼夜不停地向全球播放"东方红"乐曲和遥测信号，向全世界宣布中国已进入宇宙空间

1981年4月12日，当地时间凌晨7点整，美国第一架实用航天飞机哥伦比亚号从卡纳维拉尔角起飞，历时54.5小时，绕地球36圈后安全返回

1986年2月20日，和平号核心舱从拜科努尔发射场升空，从此拉开了"人造天宫"的建造序幕

1998年11月20日，"曙光"号多功能货舱在"质子K"火箭的携带下升入太空，从此拉开了国际空间站的建造序幕

1999年11月20日6时30分，中国首艘载人航天试验飞船神舟号从酒泉卫星发射中心升空，在完成预定的空间科学试验后，于11月21日3时41分在内蒙古中部成功着陆，这标志着中国已突破载人航天技术

航天器问世之前,人类一直像祖先第一次仰起头来一样,把头顶上无垠的三维空间都叫作天空。是航天器这把裁刀,把天空划分为航天空间这个"天"和航空空间这个"空"。这个"天"也是通常所说的外层空间、宇宙空间或太空。

然而,"天"与"空"是不能截然割裂开来的。从军事上讲,正是航天器这个信息枢纽,把"天"与"空"融合成一个密不可分的整体。

在现代战争中,侦察飞机和卫星获取情报后,交由通信卫星实时传回,目标情报经过分析自理,再上传卫星,传送到作战指挥中心,由中心下达给作战飞机,或者由卫星直接传送到作战飞机,继而对目标实施精确打击。

这种从传感器到射手,从发现到摧毁的空天一体攻击链,彻底改变了传统的空中格斗和空中打击样式,形成了从侦察系统、指挥系统到作战系统整体联动的体系攻击形态。

而与其形成反差的是,那种钢铁与火焰像暴雨泻地般的狂轰滥炸,被更强有力的精确打击所取代。

1991年,堪称第一场大规模空天一体战的海湾战争在伊拉克打响。带着白炽光焰的惊雷击穿了战争地幔。

世界各主要军事强国为之震惊,同时也向其投去了军事革命的眼光。

经过半个世纪的艰难探索,航天技术取得的成果已经普惠人类。而今,人们享受着利用航天技术开发的移动通讯,海洋探测,气象预报,GPS导航,卫星电视等种种物质文明。人们还利用太空高真空、微重力的特殊环境研制各种药品和工农业产品。

人类文明经由陆地文明,海洋文明,正向空天文明拓展。

然而,福兮祸所伏,在我们这个星球上,战争从来就是科技进步的影子。科技走到哪里,战争诡异的阴影就跟到哪里。人类对于太空和平探索的背后,是一场硝烟滚滚如火如荼的军备竞赛。"星球大战"计划的出笼反映了其白热化程度。

航天技术一经问世,航天元素就不断被嵌入军事领域。冷战时期,卫星为敌对势力各方搜集了大

空天一体攻击链

空天飞行器,又名"空天母舰",代号"暗星",该代号是布赖恩特的创意,她想让全新概念的空天武器像宇宙中的暗物质一样来去无踪,成为航空、航天甚至未来星际作战的全新武器。"暗星"其实是一种空天母舰

第四章 惊 雷

量的战略情报。在中东战争、越南战争和马岛战争等战事中,更是直接为传统的航空军提供了具体准确的情报,对敌方造成致命的打击。

在此期间,飞机装备和电子信息技术也在飞速发展。

上世纪七十年代,战场上出现了电子干扰机,精确制导炸弹和担负指挥空中集群化进攻的预警机。

在越南战争中,从1965年到1972年间,美国空军数百次空袭北方铁路交通枢纽杜梅大桥和清化大桥,结果以损失21架飞机的代价铩羽而归。1972年,美军用新研制的"宝石路"激光制导炸弹将其一举炸瘫。

"宝石路"系列激光制导炸弹是美国在Mk 80系列标准炸弹上加装激光制导系统和弹翼而成的一类成本很低的精确制导武器,可以从有限的防空区外投掷,准确地攻击各种地面和水面目标。这种武器使用通用的激光制导系统,只是气动力面(舵和弹翼)不同,以适应特定尺寸炸弹的需要,而且除普通炸弹战斗部外,所有其余的部件(激光导引头、控制舱、舵和尾部弹翼组合)均以成套制导附件形式由主承包商得克萨斯仪器公司提供。"宝石路"系列激光制导炸弹1965年开始研制,至今已经发展了三代,即"宝石路"I、"宝石路"II和"宝石路"。图为"宝石路"双模激光制导炸弹图

第四章 惊雷

　　杜梅大桥是联接中国西南边境至越南首都河内的铁路枢纽，美国为了截断中国对越南的援助，仅在1967年一年中就对大桥轰炸了64次，但是，杜梅大桥巍然挺立，因此获得了"摧不垮的大桥"的美誉。1972年，美越和谈陷入僵局，美国再一次恢复了对越南的轰炸。杜梅大桥是美国轰炸的最重要目标之一。为了确保空袭成功，美国人出动了24架F-4飞机、15架F-105飞机、一架Kc-135加油机、一架EC-121预警机和4架EB-66电子干扰机。5月10日晨8时，8架F-4鬼怪式首先从泰国乌汶空军基地起飞，它们的任务是实施"干扰走廊"；27分钟后，另外16架F-4飞机挂着最新式的激光制导炸弹和光电制导炸弹从同一机场起飞，它们分别担任截击越南飞机和实施对杜梅大桥的轰炸任务；几乎与此同时，15架F-105飞机从泰国柯叻美国空军基地起飞，它们的任务是压制越南"萨姆"导弹。机群在预定空域加油后，在EC-121预警飞机的指引下，F-4飞机成功地从高空投下装有箔条干扰物的炸弹，炸弹爆炸后，成千上万的金属箔条飘散在空中，形成了一条"干扰走廊"，EB-66电子干扰机飞临大桥上空，发出强大的电波，布下了一个严密的电子干扰层。 越南空军察觉了美军的行动，立即派出2架米格21飞机起飞截击，美机抢先发射了两枚雷达制导的"麻雀"导弹，击落了一架米格-21，越南的米格-21回送给美机一枚"环礁"导弹，将一架F-4飞机击毁。负责炸桥的F-4飞机迅速飞临杜梅大桥上空，越南人的警戒雷达显示屏上白茫茫一片光亮，根本没发现美军飞机。当第一攻击波4架F-4飞机呼啸着扑向杜梅大桥时，越南人方才明白美国人的企图是什么，于是守桥部队的高射炮率先开火，一颗又一颗的萨姆导弹纷纷升空。尽管导弹和炮弹犹如飞蝗，但美军飞机如同有神助一般，竟都安然无恙。美军F-4飞机一次又一次地扑向大桥，光电制导炸弹一枚又一枚地准确击中目标。美国空军对"摧不垮"的大桥进行第65次袭击时，终于将其摧毁了。图为美军空袭杜梅大桥

国家天空
GUOJIATIANKONG

1982年6月6日,以色列借口其驻英大使遇刺,在美国的纵容和支持下,发动入侵黎巴嫩战争。6月9日上午,以色列空军首先发射了大量无人驾驶飞机,从西部和南部两个方向进入叙军防空区域,诱使叙军发射防空导弹。与此同时,远在地中海上的以军E-2C"鹰眼"预警机立即开始工作,几秒钟内便精确地测出了叙军指挥雷达的电波频率。接着,以军96架作战飞机在E-2C预警飞机的统一指挥下,由F-15、F-16战斗机进行高空掩护,F-4、A-4型飞机进行低空轰炸攻击,使用多种精密制导武器和非制导武器进行饱和压制,在短短的6分钟内,便将叙利亚人苦心经营10余年、耗资20多亿美元才建立起来的19个萨姆导弹阵地变成了一片废墟。叙利亚空军得知贝卡谷地的导弹阵地遭到攻击,立即起飞62架米格-23和米格-21战机,向贝卡谷地上空的以军攻击编队进行反扑。以色列空军对此早有防范。由F-15、F-16和E-2C飞机组成的混合作战机群在叙机可能来袭的方向早已建立了一道空中屏障。叙军的飞机刚刚滑出跑道,就被"鹰眼"牢牢地捕捉到了。在几秒钟内,电子计算机就将飞机的航迹诸元计算出来,并将飞机的距离、高度、方位、速度和其他资料迅速通知给自

激光制导炸弹的成功运用让世人震惊。它宣告发生于英德之间的不列颠保卫战、科隆的"千机大轰炸",以及越战中B-52大编队地毯式饱和轰炸的景观已成历史陈迹。

第一次大规模空中电子战发生在贝卡谷地。1982年6月9日,以色列的预警机在距离战场百余公里的空域盘旋。叙利亚战机一起飞,预警机便将捕捉到的所有数据输送给以色列战机,同时对叙利亚战机实施电子强干扰。双方飞机连一个格斗动作都没有做,叙利亚战机甚至都没有发现对手,30架叙机便全被击落,而对手无一伤亡。次日再战,叙军出动了52架战机,结果是零比52,叙机又是无一生还。这又是一个惊世骇俗的记录。

人类战争形态经历了冷兵器革命,以火药发明和火器出现为标志的热兵器革命,以蒸气机的发

明为起点的机械化革命,上世纪下半叶,进入了来势迅猛的信息化革命。

在这场信息化革命的进程中,航空和航天力量以惊人的速度相融合。

1991年1月17日爆发的海湾战争,航空和航天力量联姻以清晰的形象登上了历史舞台。

这场百万大军对垒的血战只打了42天!在这42天中,有38天是空中打击,地面战争只用了短短一百个小时。美军以损失一百余人的代价,歼灭伊拉克42个师,击毙击伤十万人,俘虏十七万人,摧毁坦克3800辆,装甲车1500辆。伊军曾发誓要让美军踏过一片血海,美军为此在沙特订购了几万具尸袋和棺材。然而,空军改变了这一切。

己的伙伴。叙机临近贝卡谷地上空,首先遭到以军电子战飞机的强电磁干扰,空战一开始就处于被动地位。由于战场对以色列一方单向透明,加上以空军在空战中使用了自动寻的导弹,以军在当日的空战中,取得了击落叙军30架、自己没有损失一架飞机的战绩。9日夜晚,叙军紧急向贝卡谷地增援部队,尽一切力量阻止以军可能发动的进攻。然而,天一亮,以色列出动了92架飞机,采取和前一天一样的战法,一阵狂轰滥炸,将叙军新布置的4个萨姆—6导弹连和3个萨姆—8导弹连悉数摧毁。期间,叙利亚空军出动52架飞机再度出击。以色列空军又一次取得了没损失一架飞机、击落叙军52架飞机的辉煌战绩。以色列空军的胜利表明:电子战已成为现代战场的主要样式之一

第四章 惊雷

1991年1月海湾战争

实际上,早在开打之前,结局就已天定。美国的数十颗卫星把伊拉克照映得一览无遗,空军与卫星联姻造成了"战场单向透明"。一位美国空军将军说:战场的情形就好象一个突然打开电灯的厨房,伊军是满地乱跑的蟑螂,我们一个一个地、不慌不忙地把他们全部杀死。有人说:这是硅片对钢铁的胜利。

这场战争是一个分水岭。此后战争空中化趋势渐渐凸现,双方空中战场的较量成为具有决定意义的较量。

这一切表明,现代空军生成了。

这一切也表明,空天一体作战的时代真正来临了。

这一切造成了世界性的军事变革焦虑。"后之视今,亦犹今之视昔",焦虑变为动力,各军事强国纷纷瞄准了海湾战争的背影。

对以信息技术为核心的新军事革命的气息,早在上世纪80年代中期,中国军队已经触摸到了,并有计划、有步骤地加快现代化建设的步伐。1985年,陆军合成集团军出现在编制序列。1987年,陆军航空兵作为一个新的兵种正式诞生。空军、海军、战略导弹部队也按照新的战略思想,进行了较大规模的调整。军队高层指挥机关纷纷开展普及计算机知识和运用的学习。

但难以想象的是,新的战争形态的来临会像惊雷那样令人猝不及防。

新中国军队在自身发展的纵轴上飞速跃进，但与世界军事革命横向比较，差距似乎拉大了。这与这支军队的发展背景有关。这个背景甚至可以追溯到古老中国的地理环境、哲学思维及文化传统。

惊雷和闪电是一记警钟。中国军队不失时机地转变军事战略指导思想，提出军队由数量规模型向质量效能型、由人力密集型向科技密集型的"两个根本性转变"。

太空和卫星纳入"国防大学"排兵布阵的视野。新型装备随着总装备部的组建大批走进军营。

全军掀起深化训练改革热潮，采用高科技手段，运用新研制生产的一大批先进训练模拟器材，展开近似实战的演练，整合从技术到战术，从技能到智能，从单一兵种到三军联合作战指挥的训练体系。

中国空军引进先进的计算机、飞行模拟训练器、电脑管理网络和飞行监控评估系统，借助高科技手段，探索现代合成战术、电子对抗、超视距空战等新的训练方法。并逐渐向飞机、弹药、指挥系统中注入信息化要素。

从1996年到1999年，包括空军在内的诸军兵种在东南沿海举行了一系列联合演习，加紧铸造地面、空中、海上立体协同作战能力。

在作战平台还远远不能形成体系的条件下，剑不如人，剑法已夺步向前。

就在中国军队吹响向新军事变革进军的号角的当口,科索沃战争又爆发了。

上世纪末爆发的科索沃战争,是人类历史上第一场仅由空袭便达成战争目的的大规模战争,进攻方并创造了零伤亡的奇迹。

1999年3月科索沃战争

科索沃战争中被F-16击落的米格-29

在这场战争中,以美国为首的北约军队出动飞机36232架次,在50多颗卫星的支援下,发射各种导弹和各型炸弹23000余枚,其中首次使用了650多枚卫星制导"联合直接攻击弹药"JDAM,这种炸弹89%圆概率误差为12米。

此外,首次运用军种交联的战区C4I系统指挥作战。美国空军首次实现了卫星情报直接进入战机座舱。

在精确严酷的打击下,南联盟的192个目标被摧毁,蒙受了1000亿美元的损失。

南斯拉夫为打地面战做了充分准备，但被打得还没抬起头来，就宣告了战败。压在枪膛和炮膛里的烈火，只能化作淤积在胸腔里的悲怆和愤懑。

这是现代战争的奇观：一边是惊天动地的爆炸，一边是赤手空拳的平民护桥。这不是战争哪一方的仁慈，而是整个人类文明对杀戮的限制。

航天系统融合了信息技术，成为信息化战争的制高点。传统的航空军借助卫星这个信息制高点，正向信息化空天军转变。传统的空战正向空天一体战转变。

来自空天的打击将勿容置疑地成为制胜的决定性力量。

21世纪之初的两场战争，达摩克利斯剑从空天直劈而下。

2003年3月20号，伊拉克战争爆发后，人们一直关注着伊拉克共和国卫队与美军大规模交战的出现。但最终留下了这样的疑惑：伊军为什么没有经过大规模作战就崩溃了？

让我们看看这样一个战例。

2003年4月9日，在伊拉克某地执行侦察任务的"捕食者"无人侦察机，在搜索导弹运输车时，发现了两辆隐没在树丛边的伊军坦克。位于该地区上空的作战飞机借助卫星传送的情报，在发现目标的17分钟内，便将这两辆坦克摧毁。

这是整个伊拉克战争的一个缩影。在这场战争中，B-52导弹攻击机和F-117攻击机出动后总能大有斩获。这是因为驻扎在美国本土的情报机构通过卫星及时收集和提供了情报。

实际上，美英联军在开战前就动用了近百枚卫星参战，完成了对伊拉克全境5万多个目标的核查和定位。开战后空中力量借助卫星制导准确摧毁了这些目标。

再看看阿富汗战争中的一个战例。

在一个漆黑的夜晚，美国侦察卫星锁定了几个逃跑的塔利班士兵，因为其中一个人是大个子，看上去很像本·拉登。须臾之间，一枚联合直接攻击炸弹而不是一枚洲际导弹，在卫星的导引下，给目标以致命打击。

"捕食者"无人侦察机

飞机已不再是飞临敌人头顶投下雨点般的普通炸弹。美军特种部队用激光把地面目标"绘制"出来发给攻击机，飞行员把这些数据输进"联合直接攻击炸弹"，2000磅重的精密制导炸弹通过全球卫星定位系统传出的信号，依靠自身电脑和舵的操纵，准确地飞向目标。

精密制导炸弹

空中打击的效率是随着航天支撑的攻击链不断升级提高的。有统计资料说：在海湾战争中，美军空袭从发现到攻击目标需要3天；在科索沃战争中，这一时间缩短到2小时，阿富汗战争时缩短到19分钟。到了伊拉克战争，用美军第480情报支队指挥官拉里•K•格朗德豪斯尔上校的话说：指挥员得到情报、监视和侦察信息的时间已经缩短到几分钟之内。

这是两场具有多重战略意义的战争。对于空军来讲，它因为与卫

第四章　惊雷

星联姻日趋成熟,而变得更加耳聪目明,更加强大。空军的发展正处于里程碑式的转折点上。

对于阿富汗战争,有军事专家评论说,这是一场新军事革命的开端。这次革命最终会像火药的运用一样具有历史意义。

伊拉克战争刚刚结束时,美国空军部长詹姆斯多尼说,太空已经变成与空中通道同等重要的合作者。

21世纪初的这两场战争被视为以太空技术为中心的联合作战方式的重要探索,显现出现代战争空中化,空中力量信息化,战场空天一体化的大趋势。

信息化空天战争的步伐仍然在不停地加速。

2008年12月27日,以色列军队对反以激进组织哈马斯领导下的巴勒斯坦加沙地区发动大规模进攻,行动代号为"铸铅"。

以色列空军再次充当先锋和主力。12月27日,出动战斗机和直升机上百架次,对加沙地带发动了四轮攻击,袭击了哈马斯指挥部、约130个火箭发射点,以及哈马斯伊斯兰大学。开战之始第一波突击,仅用4分钟时间就摧毁了100个目标,成功率达到95%。

在空中力量的强大打击下,哈马斯所企望的残酷巷战根本没打起来。空天地一体的侦察探测网将城市变得单向透明,来自空中的精确打击,直接将防御者的掩蔽所变成他们的墓地。哈马斯多名领导人物，在以色列空军残酷而准确的"定点清除"、"斩首行动"中一个又一个相继毙命。

"发现即摧毁"。信息化空天一体的打击能力达到了令人恐怖的程度。

正在经历着战略转型的中国空军冷静地注视着、思索着这一切。

世纪初的这两场战争告诉人们，世界军事大国的空军已融入航天和信息技术，实现空、天、信一体，成为空天作战的主体力量。

作为空天力量的主角，空军担负了不少于百分之七、八十的联合作战任务，包括夺取制空天权和制信息权作战，提供战场空天情报信息，实施战略与战术打击、陆海支援作战与战略投送等任务。

这两场战争还告诉人们，由于航天系统在信息战争中的核心地

以色列"铸铅"行动

位,战争已经被推进到航空航天时代。

它告诉人们,在国防和战争的全局中,空天领域是制胜所在,空天胜则全胜,空天败则全败。

它还告诉人们,未来国防安全面临的最大威胁将来自于空天一体的打击。

发生在上个世纪最后一年的科索沃战争,当空中力量以完胜的战争结局呈现在世人面前时,军事评论家们说,历经了一个世纪的孕育发展,空军已到达战争的顶点。但刚刚跨过新世纪的门槛,一场更新型的战争证明,那个顶点并不是终点,而是又一个新的起点。

20世纪空军的发展经历了4个阶段,专家们将其职能和作用形象地称之为"空眼"——侦察,"空拳"——攻击,"制空"——主导战场,"空制"——主宰战场。换句话说,就是空军经历了由小角色到配角,再到主角的蜕变。

今天是空间时代空军的早期。其特点是:空中作战系统化。战争与非战争、战略与战术界限模糊。形式上是空地一体、空海一体,实质是空天一体、空电一体。

C4I系统的高度发展为把空天结为一个军事上的整体提供了保障。

随着时代向未来延伸,空中作战太空化的趋势将越来越明显,越来越紧迫。空中力量在向空—天力量过渡,并继续朝天—空力量前进。

按照未来是历史的延伸,空中战场是地面战场的延伸,太空战场是空中战场的延伸这一逻辑,空军理所当然应该是空天一体战的主力军。从航空、航天兵器最终目的的一致性来讲,也应把空天视为一个整体。越飞越高是空军的天性。

所以,美国在《2020空军构想:全球警戒,全球到达和全球力量》的战略构想中描述了这样的远景——"当某个遥远的地方有了麻烦,隐形无人驾驶战斗机将驶出仓库,集中起来投入行动。装载小型弹药的B-2轰炸机一个架次将能攻击80个不同的目标。远程飞机从防区外发射的超高速导弹将以6倍音速飞行,攻击800多公里远的目标。"

构想说:"2020年的空军将是隐形空军,主要有4种平台,即B-2,F-22,联合打击战斗机和无人驾驶战斗机,这些平台的共同特征是隐形。"

1961年,美国总统肯尼迪就说过一句充斥着欲望而又富有远见的话。他说,谁能控制宇宙空间,谁就能控制世界。

早自1959年起,美国空军就在作战条令中正式以"航空航天力量"的称谓替代"空中力量"。把空军的攻防战分别称为"航空航天进攻"和"航空航天防御"。

1971年，美国空军第一次论述了"空军在空间的作用"，指出把航空航天系统的使用从大气层扩展到空间是"美国空军任务职责和作战能力的一次必然延伸"。

1979年，把"空间作战"列为空军8项任务之一；1984年《美国空军航空航天基本概则》指出："航空航天环境包括地球表面以上的所有空间，是一个多维作战环境，空军部队能在这一环境中完成所有任务"。

从美国空军领导人1990年公布的《全球到达，全球力量》白皮书到2000年的《航空航天部队，21世纪保卫美国》等4个主要官方文件，系统地阐述了空军建设发展的基本思想，其核心是："空军是一体化的航空航天部队"，"信息优势是关键"。

美国空军大学1996年出炉了《空军2025》研究报告，美国空军参谋长在序言中明确指出，"在21世纪，美国的战略手段将是发展航空/航天综合力量，美国空军将以航空力量为主，演变到以航天力量为主。"最新资料表明，美国空军正从物力、财力和人力上积极地把空军的作战任务从航空推向航天，从而发展成为一支能综合航空/航天作战任务的航空/航天军。

前苏军和现在的俄军也一直重视空天一体化战争的研究。前苏军认为，"现代对空防御是一个由防飞机、防导弹和防航天器三者组成的统一系统"。

在1991年的海湾战争之后，俄罗斯前国防部长帕维尔·格拉乔夫及其幕僚认为：今后的战争，"将是交战双方的航空航天进攻作战"。

2001年9月，俄军科尔努科夫上将撰文指出："在现代条件下……俄联邦面临的主要军事威胁首先是空中－太空袭击兵器"，"可以肯定地说，在21世纪初……最发达国家的空中－太空袭击的能力将大幅度提高，武装斗争的中心将是空中－太空和信息领域，而确保空中－太空优势将成为达成战争目的的必要条件"。

在当今世界军事领域，"空天一体作战"的趋势变得越来越突出，它是高技术战争的一种重要样式，并且在不久的将来将进入一个新的发展阶段。

由于空中战场向太空战场延伸，整个战争的空间迅速膨胀了。

20世纪末，如果说战争的典型特征是"空地一体"、"空海一体"的话，那么未来的战场将是全维空间。所谓的太空战不是那些外行们吵嚷已久的卫星之间的战争，也不是仅仅以太空为战场的战争，而是包括太空在内的天、空、地、海、电磁空间等所有战场空间完全一体化的战争。

历史不能重复，也不能割断。就象20世纪初的大规模战争是在19世纪大规模战争的基础上前进的；21世纪空天一体战的起点，必将在20世纪空中战争的顶点开始。

世界空军发展的主导趋势，将是使航空、航天和信息要素在作战行动和作战力量上实现更加高度的融合。

有人说，未来空天强势力量控制敌人或潜在敌人，就象站在了望塔上手持猎枪的牧人，在管理脚下的羊群。

无可置疑，在21世纪，航空航天环境和信息环境是空军活动的基本空间，为适应这一新的第三维空间的作战需要，大国空军将加速向一体化空天力量发展的步伐。

同时，在全球化信息时代，国家的安全概念应含有两个部分：一个是边界安全即本土安全，另一个是安全边界即利益边界。边界安全是有限的，而安全边界应当是无限的。安全边界越远，本土安全系数就越大。

中国空军面临着十分严峻而深刻的挑战，同时也面临着历史性的发展良机。

中国空军将士的心头升腾着神圣的使命意识和强烈的忧患意识。

中国空军从战争的废墟上起飞，而今已发展成为拥有第三代战机、加油机、预警机和制导弹药，能遂行争夺制空权、侦察、轰炸、空运和空降的强大空战力量。

随着世界军事领域信息技术革命的兴起，中国空军依次经历了指挥自动化，增强飞机、弹药的信息化作战效能，和以体系集成为主要标志的信息化建设等阶段。从强单元、各要素分别建设，走上了成体系、整体联动推进的发展阶段。

近年来，中国空军多次举行信息战条件下的对抗演习，加强了科技攻关、人才培养和训练基地建设。同时加强了国际间的交流。2005年和2007年，中国空军两次参与上海合作组织反恐联合军事演习，在近似实战的条件下，检验了各个作战环节"快速反应，一体联动"的战斗水准，与友军创造了"统一计划，联合指挥，信息共享，行动融合"的新模式。

正在加快以信息化为核心的战略转型的中国空军，冷静地注视着世界的风云变幻。

面对正在加速形成的空天强权，任何一个国家和民族都不会掉以轻心。

尽管天下并不太平，但和平与发展的洪流不可阻挡。文明的进步不允许野蛮的"丛林法则"横行无忌，维护空天安全、构建和谐空天，成为各国人民的共同追求和美好愿望。

中华民族是爱好和平的民族。作为一个负责任的发展中大国，中国始终不渝地走和平发展道路，坚持防御性的国防政策，永远不搞军

事扩张和军备竞赛。中国空军作为捍卫国家主权、安全和领土完整，维护地区稳定和世界和平的重要力量，不好战，不忘战，不惧战，忠实地履行自己的使命与职责。

地理大发现500多年后的今天，全人类的命运从来没有如此紧密相连。当人类从太空回望，我们这颗繁衍生息的美丽星球，就像一只孤独的诺亚方舟，漂浮在浩瀚的宇宙之海。人类必须同舟共济，保护

从太空看地球

唯一的共同家园。合理适度地运用日益发展的空中力量，预防危机，遏制战争，最终消灭战争，是对人类探索天空初衷的回归。

  同一个天空，同一个梦想。人类的天空需要杨利伟和阿努谢赫·安萨里美丽的泪水。

第四章　惊　雷

2005、2007、2009年
上海合作组织反恐联合军事演习集锦

2005年8月，中俄两军举行"和平使命—2005"联合军事演习

上海合作组织"和平使命—2007"联合军事演习

2009年7月，为应对非传统威胁，打击"三股势力"，中俄两军举行了"和平使命—2009"联合军事演习

长空展翅

对地攻击

俄军机群

俄空降兵

俄空军飞行员感受我军战机

果断出击

歼-8战机 双机升空

歼轰-7四机编队

联合指挥

两军总长检阅参演中方空军部队

伞兵空降

铁甲雄风

释放干扰

突入"敌"纵深地带

围剿"恐怖分子"

战车装载

中俄两军飞行员进行战法研究

胜利返场

第五章 追 梦

国家天空
GUOJIATIANKONG

中国航空博物馆

中国航空博物馆是中国历史上第一座对外开放的大型航空博物馆、亚洲最大的航空珍品荟萃地。坐落在北京昌平大汤山脚下，1986年建馆，1989年11月正式对外开放。占地70余万平方米，馆藏270余架飞机，99架国家文物飞机，近万件航空文物，是集科技教育、旅游于一体的国家级军事主题博物馆，也是目前亚洲规模最大、跻身世界前5位的航空博物馆

2009年5月25日，纪念中国航空百年和空军成立60周年活动启动仪式在北京中国航空博物馆隆重举行。中央军委委员、空军司令员许其亮上将，空军政委邓昌友上将，中航工业党组书记、总经理林左鸣出席了仪式。

1909年，3岁的末代皇帝溥仪刚刚登上大清王朝风雨飘摇的王座，26岁的冯如在大洋彼岸驾驶着中国人设计制造的飞机飞上蓝天。

1949年，震惊世界的礼炮宣告中华人民共和国成立，人民空军的

雏鹰编队飞过升起了第一面五星红旗的天安门广场。

"天地转，光阴迫"，春秋寒暑，中国航空迎来百年华诞，人民空军步入花甲之年。

六十年风雨历程，一条并不平坦的征途上，洒满一代代空军将士的血汗，留下一行行跋涉前进的足迹。

人民空军开篇的辉煌是举世公认的。从老航校的襁褓中一飞冲天，在朝鲜战场的摇篮里迅速成长，在短暂的时间里完成了在农业社会基础上建设空军的大步跨越。

朝鲜战争结束之后，人民空军进入稳步发展时期，担负起艰难而繁重的国土防空职责，保卫着国家天空的安宁和人民的和平劳动。

从五十年代的抗美援朝，到六十年代的援越抗美、七十年代的

1950年6月28日，毛泽东主席在中央人民政府委员会第八次会议上讲话中指出：今天，我们有了建立海、空军的条件，应当着手建立一支强大的海军和一支强大的空军。尤其是空军，对我国防极为重要，应当赶快建立

第五章 追梦

毛泽东与中国空军

毛泽东主席和飞行员在一起

1952年2月14日，毛泽东主席听取空军刘亚楼司令员报告

1958年2月13日,毛泽东主席在沈阳飞机制造公司参观国产飞机

1962年9月,刘亚楼司令员向毛泽东主席、刘少奇主席汇报空军击落国民党空军U-2型高空侦察机的情况

援老抗美,人民空军不畏强敌,与世界头号空军强国进行了长时期的较量,奠定了在世界天空的地位。

在国土防空作战中,人民空军先后与敌人的十几种机型交手,其中不乏当时最先进的"王牌战机",屡屡有所斩获,在世界空战史上留下了勇斗"王牌战机"的傲人记录。

人民空军在履行职责中一步步成长壮大。曾经在苏联伏龙芝军事学院深造过的刘亚楼司令员,清醒地认识到人民空军在陆军基础上组建的特点和高技术专业军种的属性,用了前后8年的时间,集中全空军的精兵强将,编写了一整套306本条令、条例、大纲、教程、教材。这套总结了空军组建以来的经验教训、反映了空军建设客观规律的法典,为空军的建设与发展奠定了基础。这套法典统一把代表天空的蔚蓝选作封面封底的颜色,被广大官兵亲切地称为"蓝皮书"。

1966年文化大革命爆发。"政治可以决定一切、代替一切、冲击一切"的口号震耳欲聋。"蓝皮书"作为没有"突出政治"、宣扬"技术第一"的典型代表受到严厉批判。当时流传颇为广泛的一句名言是:开飞机和骑自行车差不多,谁见过学骑自行车还需要什么书?一时间,一座座空军军营里,燃起了"火烧蓝皮书"的烈焰……

政治可以是狂热的,军事和战争的规律则是冰冷的。

中国停下来的时候,世界在飞。

噩梦醒来是早晨。当中国实现了"拨乱反正",开始艰难的破冰之旅的时候,环顾发生深刻变化的世界,感到前所未有的震撼。

最早关注到世界军事的发展潮流、洞察到战争形态的变化趋势的,是改革开放的总设计师邓小平。在党的十一届三中全会结束之后不久的1979年1月18日,邓小平在一次重要谈话中明确指出:"不管如何,今后作战,空军第一。陆军、海军、空军,首先要有强大的空军,要取得制空权。否则什么仗都打不下来。我看今后重点放在发展空军。"对空军建设给予了极大的关注。

改革开放之初,百废待兴,举步维艰。与全军一道过着"紧日子"的人民空军,通过全方位的整顿,医治"文革"留下的创伤;跟随全军精简整编的步伐,在裁减数量中加强质量建设;在研制和改进国产武器装备的同时,开始有重点有步骤地引进国外先进技术和装备。中国空军的战斗力在跋涉前进中得到恢复和提升。

此时的世界,正在酝酿一场铺天盖地的"第三次浪潮"。

1982年4月12日,美国陆军训练与条令司令部的唐·莫雷利少将,邀请两年前发表了著名论著《第三次浪潮》、预言人类社会将由工业时代进入到信息时代的美国未来学家阿尔温·托夫勒和夫人,到五角大楼附近的高级旅馆进行了一次内容丰富而深刻的谈话。莫雷利用幻灯详细地介绍了他们提出的未来信息时代的战争理论——托夫勒在他10年后出版的新著《未来的战争》中写道:"当时,我们在莫雷利房

邓小平与中国空军

1952年7月12日,中共中央西南局第一书记、西南军政委员会副主席邓小平同志第一次乘空军专机去重庆、成都

1978年10月12日,邓小平同志在杨村机场观看空军航空兵部队战备训练汇报表演

1981年9月19日,邓小平等党和国家领导人在华北军事演习中检阅空军空中梯队

1984年国庆阅兵,邓小平主席检阅空军学院方队

阿尔温·托夫勒(1928—) 美国人,世界上杰出的未来学家之一,与他的夫人海蒂.托夫勒一起创作了三部曲——1970年《未来的冲击》,1980年《第三次浪潮》,1990年《大未来》

《第三次浪潮》中文版封面

被美国导弹炸毁的中国大使馆

间所见的,正是10年后全世界人民在电视机前屏息看到的美国CNN有线新闻网转播的海湾战争实况的一场精彩的预演。"

1991年的海湾战争,引爆了世界范围军事领域的革命。

八年之后的科索沃战争,作为人类历史上第一场仅由空袭便达成战争目的的大规模战争,再一次令世界目瞪口呆。

对于中国人民来说,这场战争更是刻骨铭心:一架从美国本土起飞的B-2隐身战略轰炸机,投下5枚首次使用的卫星制导的联合直接攻击弹药JDAM,不偏不斜地"误炸"在我驻南联盟大使馆的宅邸,从屋顶直穿地下室!

这一令人痛彻骨髓的"误炸",运用的是融隐身、远程、精确、致命和航天元素为一炉的空天一体作战。信息革命的成果，竟然化为灾难，降临到中国人头上，使中国人不能不用更加清醒的目光，关注头顶的天空。

这一年，人民空军步入"知天命"之年。

中央军委主席江泽民为空军成立50周年题词："为建设一支强大的现代化的攻防兼备的人民空军而奋斗！"

经历了半个世纪风风雨雨的人民空军，在抗美援朝战争中成长壮大，在"拨乱反正"的道路上顽强前行，在中国特色军事变革的浪潮中开启了战略转型跨越发展的历史进程。

这是有着重大现实意义和深远历史意义的战略转型，包括由机械化向信息化转型，由国土防空向攻防兼备转型，其根本要求，就是把空军锻造成与国家国际地位相称、与维护国家安全和发展利益相适应、能够有效应对多种安全威胁、完成多样化军事任务的现代化战略空军。

1916年9月15日，面对汹涌澎湃的钱塘江潮，中国民主革命的先行者孙中山先生发出千古浩叹：世界潮流，浩浩荡荡，顺之则昌，逆之则亡……

信息时代和空天时代同步到来，成为当今时代最鲜明的本质特征。信息和航空航天技术所触发的军事领域的深刻转型，不仅清晰地表明谁控制了信息和空天，谁就掌握了战略主动，而且将重新绘制全

江泽民与中国空军

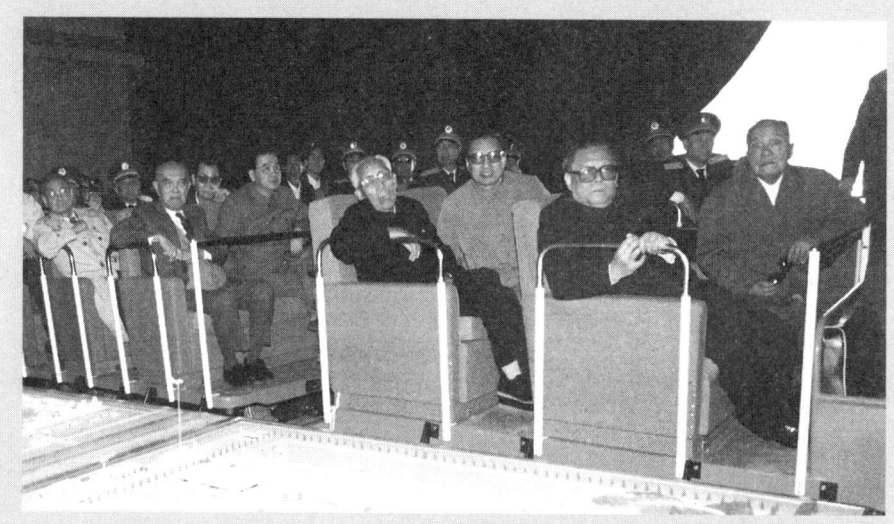

1989年9月,江泽民总书记等党和国家领导人参观空军航空博物馆

1989年10月18日,江泽民总书记视察航空兵某师

1990年4月6日,江泽民主席在空军机关观看歼—8型飞机模型

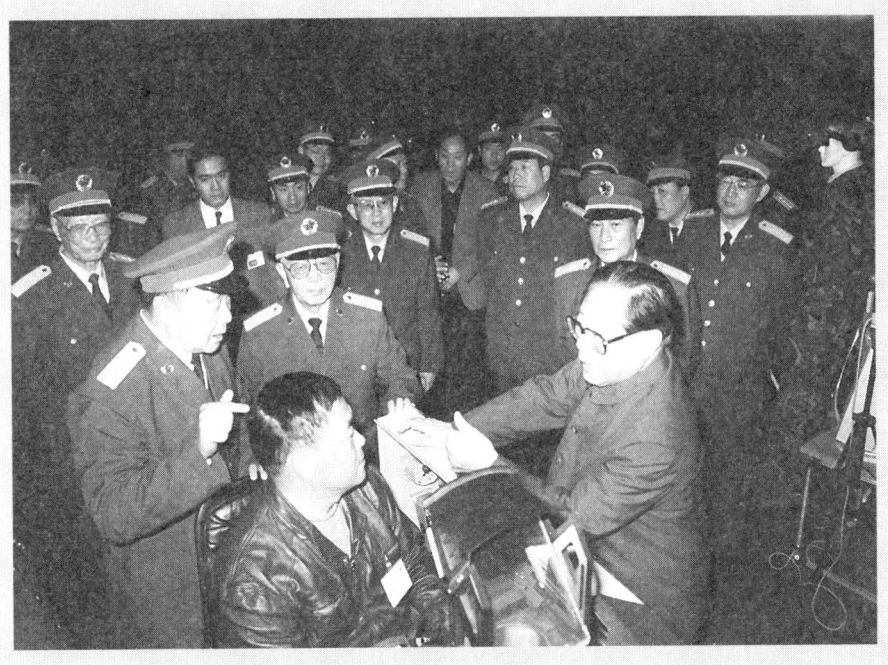

1996年10月24日,江泽民主席等军委领导同志在全军训练模拟器材成果展览会上,观看空军工程学院研制的飞机综合仿真

球政治的版图,并深刻影响世界各国在人类历史发展进程的定位。

21世纪中国的崛起已经成为不争的事实。中国越发展越强大,面对的风险挑战和遏制防范就越大。

中共中央总书记、国家主席、中央军委主席胡锦涛,深刻把握时代的发展变化,从国家总体战略需要出发,对新世纪新阶段中国人民解放军肩负的历史使命作出深刻阐述:军队要为党巩固执政地位提供重要的力量保障,为维护国家发展的重要战略机遇期提供坚强的安全保障,为维护国家利益提供有力的战略支撑,为维护世界和平与促进共同发展发挥重要作用。

2006年3月25日,胡锦涛专程视察空军师旅以上军政主官实兵实装的高科技知识集训,就推进空军转型建设、履行好军队历史使命作了重要指示。

2009年5月22日,胡锦涛在会见空军第十一次党代表大会代表时强调,空军是我国军事力量的重要组成部分,在国家安全战略全局中具有举足轻重的地位和作用。要在新的起点上推动空军建设又好又快发展,努力建设一支与履行新世纪新阶段我军历史使命要求相适应的强大的人民空军。

国力的不断增强,为空军的转型建设提供了雄厚的物质基础。科学发展观的指引,为空军的转型建设提供了不竭的精神动力。

2006年8月，空军最后一批歼-6战斗机从航空兵某师整建制退役。当这顶在中国头顶戴了四十多年的"钢盔"摘下时，多少空军将士热泪盈眶，感慨万端……

空军的转型建设自装备更新开始。上世纪九十年代初，国家不惜代价，花费巨资从国外引进三代战机；本世纪初，中国人卧薪尝胆自行研制的三代机歼-10横空出世，装备部队。

随着引进战机的国产化进程，航空兵部队装备更新的步伐逐步加快；与此同时，利用信息技术对现役武器装备进行改造，重点提高信息感知、导航定位、指挥控制、敌我识别和精确打击能力，歼-8、歼-7、强-5等作战飞机面目一新，如虎添翼，作战效能大大提升。

与航空兵装备更新同步，地空导弹部队、高射炮兵部队、雷达和

歼-10装备部队

第五章 追 梦

185

胡锦涛与中国空军

2008年1月,胡锦涛主席在空军司令员许其亮、政委邓昌友陪同下,视察航空兵某师

胡锦涛主席亲切接见飞行员

2009年5月22日，胡锦涛主席在空军许其亮司令员、邓昌友政委陪同下，在人民大会堂亲切接见空军第十一次党代会代表并作重要讲话

2009年10月1日国庆60周年阅兵，胡锦涛主席检阅空军地空导弹部队方队

电子对抗部队、通信兵部队、空降兵部队等不同兵种的武器装备,也全方位地得以改善和提高。作为空军作战体系神经中枢的指挥信息系统建设,从建平台到搭网络、从强单元到成体系、从尾追跟进到自主创新,时不我待地日夜兼程……

中国特色军事变革的浩荡洪流,推动着人民空军大步跨越。三代机、预警机、加油机、各种功用的特种机、新型地空导弹、相控阵雷达……这些过去远在天边遥不可及的信息化装备,如今成为中国空军战斗力的主体。

比起来势迅猛的装备跨越,人的转型则要复杂得多、艰难得多。由于三代机的改装最早是由引进开始的,客观上决定了滞后跟进的位置,由于信息化装备本身的高科技含量,主观上存在着人员素质的差距,一个迫切的问题横亘在转型建设中的空军面前:"代差"——装备已经是三代的装备,人还是二代的人,用一个形象的比喻,"身子"被拉进了信息化的门槛,"脑袋"还留在机械化的门外。

深一步说,对于一直在"防"字上停留了半个世纪的中国空军而言,真正转型到"空天一体,攻防兼备",必须在理念、作风、训练、管理、体制、文化等领域进行全方位的改革与创新。

转型建设掀起改革创新的热浪,席卷一座座空军军营。

像当年刘亚楼司令员组织编写条令、条例、大纲、教程、教材一样,空军集中精兵强将,加紧编写适应转型建设需要的各级各类人员专业技术能力标准和装备维修保障使用质量标准。相隔近半个世纪，上一次全套为300多本，这一次初稿就有1300多本。量变背后，折射出深刻的质变。

2008年6月30日，空军军事职业大学宣告成立。这是一所面向空军全体干部、士兵的没有围墙的大学，紧紧围绕空军转型建设的需要，以院校教育为主体、职业大学为补充、部队训练为实践，"三位一体"，加快培养高素质新型军事人才。

为了进一步贴近实战，吃透对手，专门研究对手装备、技术、战术、战役特点的中国空军"蓝军部队"悄然组建。

大漠孤烟直，长河落日圆。大西北的茫茫戈壁，曾是中华民族的古战场，如今成为现代化空军的演兵场。复杂电磁环境下的实兵体系

2008年，空军职业大学成立。图为空军内乡场站考场

学员们喜获毕业证书

对抗，演绎着和平岁月里惊心动魄的现代战争。

而大千世界里的不测风云，和平生活中的突发事件，又为军队履行职责开辟出没有硝烟的战场。

2008年5月，震惊世界的汶川大地震，道路毁坏，桥梁坍塌，通信中断……地裂山崩天路开，人民空军写下了我军航空史上前所未有的大空运、大空投的光辉篇章；连绵群峰之上的5000米高空，十五勇士凌空一跳，感动了全中国，震惊了全世界。

2008年8月，无与伦比的北京奥运会赢得世界的喝彩。人民空军担当起空中安保的重任，空中安保的实质是空中反恐，既是奥运安保的关键，又是奥运安保的"软肋"。空军将士盘马弯弓织成恢恢天网，把"软肋"变成了"硬骨"。

非战争军事行动的考验，锻炼了全面的素质；多样化军事任务的完成，提高了打赢的能力。同时也让国人更清楚地看到，头顶的这方湛湛蓝天，诗意中埋藏着巨大的危险，空旷里蕴蓄着无穷的能量。天空，对于一个国家、一个民族，是何等的重要。

中华民族以开放的姿态走向世界，中国空军也以开阔的胸襟纵览天下。

"和平使命-2005"中俄联合军事演习，中国空军与强手协同作战，从外军身上汲取有益的营养。

汶川大地震中的中国空军

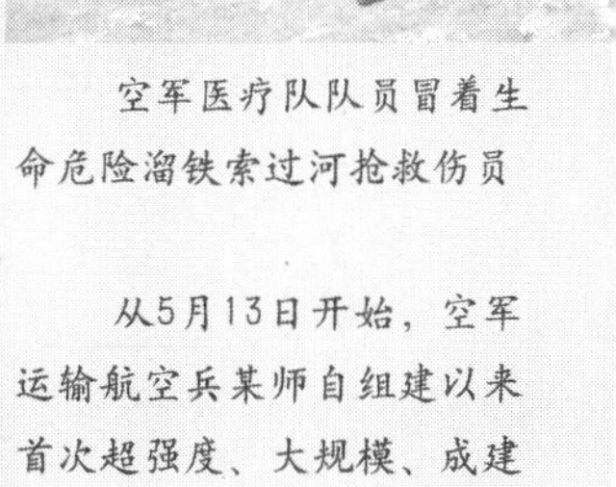

空军医疗队队员冒着生命危险溜铁索过河抢救伤员

从5月13日开始，空军运输航空兵某师自组建以来首次超强度、大规模、成建制出动，每天空运救灾人员数千人和车辆、物资近百吨

空降兵某部小分队在震区小木岭开辟生命通道

北京奥运会空中安保

空军某部执行青岛赛区奥运安保任务的直升机在空中警戒巡逻

为执行奥运任务的飞机准确导航

参加奥运安保的空军雷达兵部队

守卫奥运场馆的地空导弹部队

"和平使命-2007"上海合作组织成员国武装力量联合反恐军事演习，中国空军走出国门，给世界留下耳目一新的身影。

2008年7月，南京军区空军司令员江建曾中将，率团访问美国太平洋空军，应美方邀请与美飞行员同乘飞行。年近60岁、已经停飞10年的江建曾将军重新披挂上阵，与美军飞行员瑞德伦少校同乘一架F-15D战机，在云底高低于200米、下着中雨的复杂气象条件下，与前机跟进起飞。在5000多米的高空，从仅有的一个云隙中，双机直插平均海拔3000多米的麦金利山峡谷谷底，在120米高度改平，双机跟进，沿宽度仅有200-300米的峡谷蜿蜒飞行，河底石头清晰可见……这种只有在美国大片中才能看到的惊险动作，两国飞行员配合完成得珠联璧合。美国人领略了中国飞行员的素质与风采，中国军人感悟了美国空军的作风与理念。

2009年2月，一组前所未有、别开生面的讲座在中国空军最高学府——空军指挥学院举行。来自英国、德国、俄罗斯、韩国、巴基斯坦的十几位专家登上讲坛，介绍本国空军的训练体制、训练理念和管理方法，空军首长、机关领导、部队作战师旅长，坐在下面认真听讲。

课讲完后，一些飞行师长、飞行学院院长与外军专家热烈座谈。

加速转型建设的中国空军，展现出一种放眼全球的宽阔视野和海纳百川的泱泱气度。

空军某部副参谋长、特级飞行员杨永飞

转型中的人民空军迎风击雨,展翅飞翔。

所有的三代机飞行员,全部经过复杂电磁环境下的对抗训练。无论是指挥员还是飞行员,都有了离不开数据链、离不开信息网络的感觉。这种新鲜而可贵的感觉,是比装备更新更令人鼓舞的内在的深层次转型。

特级飞行员杨永飞,响亮的名字映射出坚定的信念,在驾驭三代战机进行精确打击武器的实弹攻击中取得九发九中的成绩,创造了精确制导武器实弹命中率和命中精度两项空军纪录。

在一座座空军军营里,部队官兵恪尽职守,秣马厉兵;

在空军的科研院所里,高层次科技人才和年轻的后续梯队呕心沥血,攻关克难;

在空军院校的课堂上，一身空军蓝的莘莘学子们勤奋学习，刻苦钻研；

在北航、南航、西工大……这些著名的高等学府里，上万名空军国防生孜孜不倦地攻读着与空军建设紧密相关的专业课程，准备融入蓝天和太空的伟业；

在人头攒动的航空航天博览会上，在摩顶接踵的航空模型展览会上，在牵着风筝欢快地奔跑的少年身上，在像花儿一样可爱的孩子们的歌声里，寄托着空军的希望……

中国航空博物馆的"香玉剧社号"飞机，记载着一页激动人心的历史。1951年，在"抗美援朝，保家卫国"的浪潮中，被戏迷们称为"豫剧皇后"的常香玉，吃窝头，啃咸菜，辗转奔波，带领"香玉剧社"的艺人们巡回义演，集得十几

空军院校的课堂

自豪的空军国防生

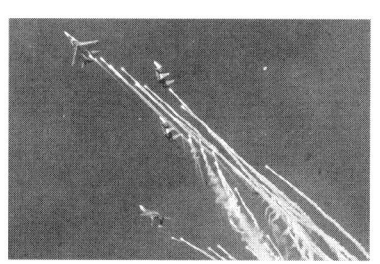

第七届中国(珠海)国际航空航天博览会

亿巨款（旧币）为志愿军空军捐献了一架当时最先进的米格-15战斗机，成为轰动一时的新闻。

"香玉剧社号"飞机

不只是一个常香玉。当年贫瘠的神州大地上，掀起了捐献飞机大炮的热潮。老人买寿材的钱，青年人结婚的钱，小学生的零用钱都捐了出来。迪化（乌鲁木齐）103岁的维吾尔族老妈妈吾古尼沙汗白天跑到很远的地方拾麦穗，夜里纺棉花，变钱捐献。一年多时间，全国所捐款项可购飞机3710架！

常香玉到志愿军空军部队慰问

转眼五十多年过去了。朝鲜空战的光环依然在人们的心头闪耀，中国空军的步履更加吸引着众多关注的目光。这种关注，既来自于决策层，也来自于"发烧友"；既来自于普通百姓，也来自于精英栋梁⋯⋯

2008年11月6日，空军科学发展院士顾问会议在北京召开。受聘担任空军科技发展和人才建设顾问的14位"两院"院士先后发言。这些在国家航空、通信、导弹、雷达、电子对抗、气象、防护工程等领域的顶级专家、领军人物,立足国家大局,展望世界前沿,结合这些年到空军部队考察调研了解的情况,围绕推动空军科学发展、解决空军转型建设面临的重大理论和现实问题,发表充满战略意识和科学精神的真知灼见……

人民空军的腾飞,需要人民的巨掌来托举。

建设一支与国家国际地位相称的现代化战略空军,是一个时代的命题。它需要空军来回答,需要国家来回答,需要全民族来回答。

2009年10月1日上午,北京天安门广场。庆祝新中国成立六十周年的盛大庆典,举国欢腾,万众瞩目。气势磅礴、威武雄壮的大阅兵,展示了国家的尊严、民族的自豪。当徒步方队的整齐步伐和装备方队的钢铁洪流从金水桥前依次通过,东边的天际传来隐隐的雷声。11时11分36秒,由空警-2000预警机和"八一"飞行表演队8架歼-7GB战机组成的领队机梯队拉出绚丽的彩烟,准时通过天安门广场上空。紧随其后的空警-200预警机梯队、轰炸机梯队、加受油机梯队、歼-8F梯队、歼-10梯队、歼-11梯队、直升机梯队、教练机梯队,按照"队形准确、衔接紧密、秒米不差、安全无误"的要求和"世界一流、历史最佳"的标准,相继完美通过天安门上空。

与新中国同龄的人民空军,穿越六十年的风风雨雨,以令世人惊

讶的崭新阵容,接受祖国和人民的检阅,也充满自信地向世界亮相。

这一刻,天安门上空,吸引了地球上最多的目光。

中国在注目,注目一个飞翔的军种。

世界在注目,注目一个复兴的民族。

2009年11月6日,为庆祝中国人民解放军空军成立60周年,以"超越、展望、合作"为主题,"空军和平与发展国际论坛"在北京隆重举行。来自五大洲35个国家的空军领导人和领导人代表应邀出

"空军和平与发展国际论坛"会场

席，这在世界空军历史上尚属首次。国家主席、中央军委主席胡锦涛会见了各国代表团团长，强调中国将继续秉持和平、发展、合作的理念，坚持和平开发利用空天，积极参与国际空天安全合作，推动建设互利共赢、安全和谐的空天环境，促进人类和平与发展的崇高事业。

中央军委委员、空军司令员许其亮上将，在会上作了《让世界的蓝天充满和平与希望》的主旨发言，向世界传递出中国空军友好、真诚、坚定、自信的声音。

11月8日晚，胡锦涛主席来到空军机关礼堂，亲切会见了空军老同志、英雄模范和飞行员代表，观看了庆祝人民空军成立60周年文艺晚会。胡锦涛强调，当前，国防和军队现代化建设面临新的形势和任务，空军建设和发展也处在关键时期。要深入研究新形势下空军建设的特点规律，全面加强部队建设，不断开创空军建设的新局面，谱写空军发展的新篇章。

1951年12月5日，志愿军空军三师九团副团长林虎在接连击落击伤美军F-86各一架之后，因自己驾驶的米格-15也被对方击中而跳伞。敌机在空中不停地向他扫射，面对身旁飞过的枪弹、脚下茫茫的大海，林虎毫无惧色，引吭高歌："我站在高山之巅，望黄河滚滚奔向东南……"

1997年8月24日，莫斯科机场，国际航空展。年已古稀的前空军副司令员林虎中将，在前舱驾驶位置与俄罗斯试飞院副院长科沃丘尔同

乘一架苏-27战机,如利箭一般直射苍穹,在机场上空翻转、横滚、超低空大速度通场……

与林虎将军一样,一代代空军将士的心中,燃烧着信念与理想的火焰。

建设一支无愧于中华民族的强大空军,是一代一代空军将士梦寐以求并为之不懈奋斗的崇高理想。

这何尝不是每一个炎黄子孙的期盼!

中华民族是一个伟大的民族。她有过灿烂的辉煌,也有过痛楚的屈辱,在一代代志士仁人的不懈奋斗中,终于迎来了历史的崛起,走上了复兴的大道。在中华民族伟大复兴的历史进程中,面临的威胁不仅来自陆地,来自海洋,更来自头顶无垠的蓝天和渺远的太空。中华民族要走向繁荣,走向强盛,必须在平面文明和高度文明两个方向上努力拓展。为民族的复兴提供重要的空中力量支撑和坚强的空中安全保证,为美丽的家园撑起一片和平的天空、希望的天空,是中国空军光荣而神圣的责任!

这是一份永恒的责任。